THE MOST BEAUTIFUL DESIGNS OF
TRADITIONAL NEIGHBORHOODS
IN ANDALUCIA

DONALD GRAY

LOS DISEÑOS MÁS BELLOS DE
BARRIOS TRADICIONALES
EN ANDALUCÍA

Javier Cenicacelaya
Alejandro García Hermida

ORO
EDITIONS

ORO EDITIONS

Publishers of Architecture, Art, and Design
Gordon Goff: Publisher

www.oroeditions.com
info@oroeditions.com
Published by ORO Editions

Copyright © 2022 J. CENICACELAYA, A. GARCIA HERMIDA.

All rights reserved. No part of this book may be reproduced, stored in a retrieval system, or transmitted in any form or by any means, including electronic, mechanical, photocopying of microfilming, recording, or otherwise (except that copying permitted by Sections 107 and 108 of the U.S. Copyright Law and except by reviewers for the public press) without written permission from the publisher.
You must not circulate this book in any other binding or cover and you must impose this same condition on any acquirer.

Author: Javier Cenicacelaya, Alejandro García Hermida
Foreword: Léon Krier
Book Design: Rebeca Gómez-Gordo Villa
Translation: Roderick George
Cover image and photography: José Miguel Llano
Project Manager: Jake Anderson

10 9 8 7 6 5 4 3 2 1 First Edition

ISBN: 978-1-954081-94-9

Color Separations and Printing: ORO Group Inc.
Printed in Spain by GZ Printek, Zamudio.
Typeset in Goudy Old Style

AR+D Publishing makes a continuous effort to minimize the overall carbon footprint of its publications. As part of this goal, AR+D, in association with Global ReLeaf, arranges to plant trees to replace those used in the manufacturing of the paper produced for its books. Global ReLeaf is an international campaign run by American Forests, one of the world's oldest nonprofit conservation organizations. Global ReLeaf is American Forests' education and action program that helps individuals, organizations, agencies, and corporations improve the local and global environment by planting and caring for trees.

This book has been made possible thanks to the contribution of:
Este libro ha sido possible gracias a la colaboración de:

INTBAU

INDEX

ÍNDICE

THE IMPORTANCE OF DONALD GRAY

LA IMPORTANCIA DE DONALD GRAY

Léon Krier

After a conference in San Sebastián in 1990, Pierre de Cabarrus invited me to design a new "pueblo blanco" in Andalusia. Before looking at his property I wanted to visit La Heredia, high above Marbella, on the road to Ronda. The excellent new traditional development by Jaime Parladé was then being prominently advertised in *The Sunday Times*. Before getting there, Pierre made a detour, saying "By the way I want to show you something, see what you think?" and stopped the car at Las Lomas de Marbella Club Pueblo. I was stunned. It was the best modern development I had visited in my life. The author was said to be a mysterious unknown, an unapproachable recluse, uninterested in publishing or recognition. My enquiries about Donald Gray at the town hall and sales offices were left unanswered. As I couldn't find him I persuaded the Prince of Wales to visit both Las Lomas and La Heredia. We were debating whether Poundbury was more classical or more vernacular in character. La Heredia and Las Lomas were, at a stone's throw from each other, perfect illustrations of those architectural definitions. Leafing through the photographs HRH decided that we didn't need to fly out there, that he definitely preferred the vernacular design and tone of a Donald Gray. Las Lomas is a faultless masterpiece in whole and detail of modern traditional architecture and urbanism.

Al finalizar una conferencia en San Sebastián en 1990, Pierre de Cabarrús me invitó a diseñar un nuevo "pueblo blanco" en Andalucía. Antes de conocer su propiedad, quise visitar La Heredia, situada por encima de Marbella, en la carretera hacia Ronda. El excelente conjunto de nueva arquitectura tradicional desarrollado por Jaime Parladé estaba siendo promocionada en el *Sunday Times*. Antes de llegar, Pierre se desvió y me dijo: "Por cierto, quiero mostrarte algo. Mira, ¿qué te parece?", y detuvo el coche en el Pueblo de Las Lomas de Marbella Club. Me quedé estupefacto. Era el mejor desarrollo urbano moderno que había visitado en mi vida. Se decía que el autor era un misterioso desconocido, un ermitaño inaccesible, sin interés en publicaciones o reconocimientos. Mis consultas sobre Donald Gray en el ayuntamiento y las inmobiliarias quedaron sin respuesta. Como no pude encontrarlo, convencí al Príncipe de Gales de que visitara Las Lomas y La Heredia. Estábamos justo debatiendo si Poundbury debía tener un carácter más clásico o más vernáculo. La Heredia y Las Lomas ilustraban perfectamente las dos posibilidades y estaban a un tiro de piedra la una de la otra. Hojeando las fotografías, S.A.R. decidió que no necesitábamos volar allí, que definitivamente prefería el diseño vernáculo y el tono de Donald Gray. Las Lomas es, en conjunto y en detalle, una obra maestra impecable de la arquitectura y el urbanismo tradicionales actuales.

Houses on Las Herrizas street, Las Lomas Pueblo, Marbella
Casas en la Calle Las Herrizas, Las Lomas Pueblo, Marbella

It was conceived and built at a time when the Franco regime had fully fallen victim to an artless, place and soul destroying modernism. The architects who had designed in the aftermath of the Civil War the 300 remarkable new traditional agricultural villages (Brunete, Titulcia, Gajanejos, Villanueva de Franco...) had already changed style, taken refuge in historic building preservation or were jobless. The scandal of beauty and the alternative future which Las Lomas so powerfully embodies was left unrecognized. Gray had with a single development proved the falsehood of modernist metaphysics, the callowness of its principles and pretentions. He demonstrated in brick and mortar that even in a modernist dictatorship, authentic human scale and handcrafted alternatives could be realized. An intellectual and language teacher from a faraway continent, bereft of formal architectural education or qualification, had created with an American entrepreneur friend an accomplished masterpiece of Andalusian urbanism and architecture. Sixty years later it remains unchallenged in quality and beauty, impeccably kept, loved by its residents, users and neighbours. Donald kept recalling whenever we met that despite the then widespread poverty and ubiquitous wounds of the Civil War, Spain and Andalusia were left largely unspoilt, resplendent with the intoxicating beauty of the preindustrial world.

Today as then the unanswered question remains the same. Why were (and are) the educated and responsible classes so blind to the power of manmade beauty, so passive in the face of its ubiquitous loss?

Donald Gray was no theorist but this beautiful documentation of his manifold realisations is a primer in how Spain should be repaired and developed.

Fue concebido y construido en un momento en que el régimen franquista era ya víctima de un tipo de modernismo completamente tosco, destructivo para los lugares y para el espíritu. Los arquitectos que habían proyectado después de la Guerra Civil los notables 300 nuevos pueblos agrícolas tradicionales (Brunete, Titulcia, Gajanejos, Villanueva de Franco...) habían cambiado ya de estilo, se habían refugiado en la preservación de edificios históricos o estaban desempleados. El escándalo de la belleza y el futuro alternativo que con tanta fuerza encarna Las Lomas no fue nunca reconocido. Gray había demostrado con un sólo conjunto la falsedad de la metafísica modernista y la insensibilidad de sus principios y pretensiones. Él demostró con ladrillo y mortero que, incluso bajo una dictadura modernista, se pueden realizar alternativas con auténtica escala humana y artesanalmente ejecutadas. Un intelectual y profesor de idiomas de un continente lejano, carente de una educación o una cualificación arquitectónicas formales, había creado junto a un amigo emprendedor estadounidense una obra maestra consumada del Urbanismo y la Arquitectura Andaluces. 60 años después, su calidad y su belleza siguen siendo indiscutibles, está impecablemente conservado y es amado por sus residentes, usuarios y vecinos. Donald recordaba cada vez que nos juntábamos que, a pesar de la pobreza generalizada y las heridas ubicuas de la Guerra Civil, España y Andalucía quedaron en gran parte vírgenes, resplandecientes y con la embriagadora belleza del mundo preindustrial.

Hoy, como entonces, la pregunta sin respuesta sigue siendo la misma. ¿Por qué las personas cultas y responsables fueron y siguen siendo tan ciegas al poder de la belleza de lo hecho a mano, tan pasivas ante su omnipresente pérdida?

Donald Gray no era un teórico, pero esta hermosa recopilación de sus múltiples trabajos es un manual sobre cómo España debería repararse y desarrollarse.

Donald Gray in the fountain of the arcade of La Taha Town Hall
Donald Gray en la fuente del soportal del ayuntamiento de La Taha

Nuestro agradecimiento a Richard H. Driehaus, incansable mecenas de tantos y tantos nobles proyectos, y sin cuyo apoyo y amor por las tradiciones arquitectónicas españolas este libro nunca habría podido ver la luz. A Alba Márquez Fernández y a Víctor Gray Recio, sin cuya colaboración habría sido imposible llevar a término esta empresa. Al fotógrafo José Miguel Llano, por su apoyo en el fotografiado de los proyectos. A Leon Krier, quien nos puso en contacto con Donald Gray, ya que sin su orientación no podríamos haber conocido a esta excepcional persona. Y al propio Donald Gray, en cuya compañía tanto disfrutamos y tuvimos ocasión de aprender a ver y sentir la belleza de la arquitectura tradicional de Andalucía, entre muchas otras enseñanzas.

También, por muy diversas cuestiones, todas ellas valiosas para el desarrollo de este trabajo, a Francisco Aguilar, Hersh Baker, Melissa DelVecchio, Michael Gallo, Carmen García Hermida, Jacobo García Martínez, Roderick George, Guillermo Gil Fernández, Juan José Gómez, Inés Gómez de Nieto, Luis Goya Picasso, Ludwig Hönig, Cynthia Hönig Ramos, Josefa López del Valle, Rafael Manzano Martos, Paqui Márquez, Sara Martínez Sánchez, Ángeles Mesa López, Gabriel Montero Fernández de Bobadilla, Angela O´Driscoll Navarro, Irene Pérez-Porro Stillman, Lars Pranger, Fátima Quesada de la Cuesta, Maite Ramos Galán, Candy Roijakkers, Carlos Sánchez Gómez y Rafael Vaquero Pérez.

Especial agradecimiento a Harriet Wennberg y Carol Wyant por su incondicional apoyo. Y finalmente, a nuestra infatigable y brillante colaboradora Rebeca Gómez-Gordo Villa, autora de la maquetación de este libro, y apoyo de tantos proyectos y eventos realizados en España bajo los auspicios de INTBAU.

Los autores
Javier Cenicacelaya y Alejandro García Hermida

We would like to thank Richard H. Driehaus, tireless patron of so many noble projects, without whose support and love for Spanish architectural traditions this book could never have come about; Alba Márquez Fernández and Víctor Gray Recio, without whose help it could not have been completed; the photographer José Miguel Llano, for his support in photographing the projects; Léon Krier, who introduced us to Donald Gray, for without him as guide we would not have met this exceptional character; and Donald Gray himself, whose company we so much enjoyed and from whom we had the chance to learn to see and feel the beauty of traditional Andalusian architecture, and much more.

Also for various reasons, all vital in producing this tribute, we thank Francisco Aguilar, Hersh Baker, Melissa DelVecchio, Michael Gallo, Carmen García Hermida, Jacobo García Martínez, Roderick George, Guillermo Gil Fernández, Juan José Gómez, Inés Gómez de Nieto, Luis Goya Picasso, Ludwig Hönig, Cynthia Hönig Ramos, Josefa López del Valle, Rafael Manzano Martos, Paqui Márquez, Sara Martínez Sánchez, Ángeles Mesa López, Gabriel Montero Fernández de Bobadilla, Angela O'Driscoll Navarro, Irene Pérez-Porro Stillman, Lars Pranger, Fátima Quesada de la Cuesta, Maite Ramos Galán, Candy Roijakkers, Carlos Sánchez Gómez and Rafael Vaquero Pérez.

We especially thank Harriet Wennberg and Carol Wyant for their unconditional support; and finally our tireless and brilliant colleague Rebeca Gómez-Gordo Villa, who laid out this book and is a mainstay of so many projects and events organised in Spain under the auspices of INTBAU.

The authors
Javier Cenicacelaya and Alejandro García Hermida

FASCINATION WITH ANDALUSIA

LA FASCINACIÓN POR ANDALUCÍA

In the Europe of the late 18th century and in particular over the 19th century there emerged a special interest in the culture of countries regarded as exotic[1]. This was largely thanks to the narratives of writers, poets and travellers on Africa and the Middle and Far East. The interest was keenest in the great powers of the time such as France or Britain. Romanticism[2] enhanced the appeal and a great desire for exploration and discovery arose in countless well-known figures, leaving us a rich legacy of literary and artistic works.

En Europa, desde finales del siglo XVIII y más específicamente a lo largo del siglo XIX, surgió un particular interés por las culturas de países considerados exóticos[1]. Ello se debió a las narraciones de escritores, poetas y viajeros por África, el Próximo y el Lejano Oriente. Es en los países más poderosos del momento, como Francia o Inglaterra, donde ese interés fue mayor. El romanticismo[2] acrecentó esa atracción, despertando un inusitado afán de exploración y descubrimientos para un gran número de personajes, que nos han dejado un precioso legado en sus obras literarias y artísticas.

Square in Écija
Plaza de Écija

Carrera del Darro in Granada
Carrera del Darro en Granada

As part of this passion for the exotic, which came to be known as "orientalism", Spain was also a source of attraction. The discovery by Anglo-Saxon culture of our country's exoticism, and more specifically that of Andalusia, may be due to Washington Irving (1783-1859). The American author took an interest in Spanish history on travelling widely about the country as early as the 1820s. He fell deeply in love with Spanish

Dentro de esta pasión por lo exótico, que se ha venido en definir como "orientalismo", también España fue objeto de atracción. Quizás el descubrimiento para la cultura anglosajona del exotismo de nuestro país, y más concretamente de Andalucía, se deba en parte a Washington Irving (1783–1859). Este escritor norteamericano había mostrado interés por la historia de España, viajando extensamente, ya en los años veinte del siglo XIX, a lo largo y ancho del

literature and art. So identified was he with Spain that he was appointed US ambassador in Madrid. His fascination with Hispano-Islamic tradition led him to write Tales of the Alhambra (1832), recounting the vicissitudes of the kingdom of Granada along with its customs and history through stories that he had collected during his stays in Andalusia.

país. Se enamoró profundamente de la literatura y el arte españoles. Hasta tal punto se identificó con España que fue nombrado embajador de los Estados Unidos en Madrid. Fue intensa su fascinación por las tradiciones hispano–musulmanas, lo que llevó a escribir los "Cuentos de la Alhambra" (1832). Esta obra describe los avatares del Reino de Granada, sus costumbres y su historia, a partir de los relatos que pudo recoger en sus estancias en tierras andaluzas.

This work is surely part of what sparked an interest in Andalusia - and Spain - among foreign writers and travellers, and with it, a growing attention to our culture. This was to give rise to figures known as "Hispanists", i.e.

Puede afirmarse que esta obra forma parte del origen del interés por Andalucía, y por España, por parte de los escritores y viajeros extranjeros, y con ello del creciente interés por la cultura española. Esto daría origen a la figura de los llamados "hispanistas", es decir, de los estudiosos de nuestra cultura de origen extranjero.

Picture of Donald Gray in his youth ◄
Retrato de Donald Gray en su juventud

Living room inside Donald Gray's home in Atalbéitar ►
Interior del salón de la casa de Donald Gray en Atalbéitar

foreign-born scholars of Spanish culture.

The initial idealisation of the Hispanic world (not just of Andalusia) with recreations not always accurate but which undoubtedly fuelled an interest in Spain abroad gradually gave way to

La inicial idealización del mundo hispánico, y no sólo de Andalucía, con recreaciones que no siempre han sido rigurosas, pero que sin ningún género de dudas han alimentado el interés por España en el contexto internacional, fue poco a poco dando paso a estudios más profundos y contrastados.

more penetrating and better-informed appraisals.

It was in a very different context, now in the 20th century, that other figures emerged, such as the English writer Gerald Brenan (1894-1987), a client and good friend of Donald Gray. Brenan, going beyond the romantic myth, embedded himself in Andalusia, his subject of study, almost merging with it. An admirer of the contemporary works of the Spanish anthropologist Julio Caro Baroja

Es en un contexto muy distinto, ya en el siglo XX, cuando aparecen figuras como la del escritor inglés Gerald Brenan (1894–1987), cliente y buen amigo de Donald Gray. Brenan, trascendiendo el mito romántico, se incrustó en su objeto de estudio: Andalucía, hasta casi fundirse con él. Admirador de los trabajos coetáneos del antropólogo español Julio Caro Baroja (1914–1995), sus amplios intereses abarcaron su sociedad y su economía, sus paisajes, su historia y su arqueología, su literatura, su música

◄ Picture of Donald Gray
Retrato de Donald Gray

► Sketches of the "House of the Marcello family", in Venice, and on the Fuente del Aceituno, in Granada
Apuntes de la "Casa de la familia Marcello", en Venecia, y de la Fuente del Aceituno, en Granada

(1914-95), his vast interests embraced Andalusia's society and economy, landscapes, history and archaeology, literature, music and folk traditions, and above all its people. This passion for the region's culture led him first to settle, as Donald Gray would do later, in a remote village in the Alpujarra region near Granada, as a refuge from the social conventions of the time and a base from which to give free rein to their insatiable desire to discover and preserve the essence of the culture they loved. The place chosen by Brenan was Yegen; that by Gray, Atalbéitar. Both saw in this land the chance to connect with the remnants of an age-old culture already starting to fade with the onset of globalisation, namely that of the Mediterranean. Captivated by the simplicity of life in Andalusia, its solid social structures, its perpetuation of immemorial ways and customs and its as yet

y sus tradiciones populares, y, por encima de todo ello, sus gentes. Esta pasión por la cultura de la región lo llevó a establecerse primero, y como haría más adelante el propio Donald Gray, en un remoto pueblo alpujarreño, al mismo tiempo refugio frente a las convenciones sociales de su tiempo y base desde la que poder dar rienda suelta a un insaciable ánimo por descubrir y preservar la esencia de la cultura de la que se enamoraron. El lugar elegido para ello fue Yegen en el caso de Brenan y Atalbéitar en el de Gray. Ambos percibieron en dichas tierras la posibilidad de conectarse con los últimos retazos de una cultura milenaria ya desdibujada por los primeros impulsos de la globalización: la mediterránea. Fascinados por la sencillez de la vida en Andalucía, por sus sólidas estructuras sociales, por la pervivencia de inmemoriales usos y costumbres, por sus aún inalterados paisajes, los dos iban a legarnos el trabajo de toda una vida dedicada a ellos.

unspoilt landscapes, both were to leave as a legacy a life's work devoted to the region.

Donald Gray was born in the Soldiers Point district of Port Stephens, New South Wales, Australia, on 17 January 1935. Two passions marked his youth: painting and travel. On finishing his military service he set off to travel about various European countries. In Germany he stayed for a while in Babenhausen, where he made a living designing posters for the US army. In 1958 he reached our country on foot via Roncesvalles, like the travellers

Donald Gray nació en el barrio de Soldiers Point de Port Stephens, en Nueva Gales del Sur, Australia, el 17 de enero de 1935. Dos pasiones marcaron su juventud: la pintura y los viajes. Finalizado el servicio militar, pronto se lanzó a recorrer diversos países de Europa. Durante su estancia en Alemania, pasó una temporada en Babenhausen, donde se ganó la vida diseñando carteles para el ejército norteamericano. En 1958 llegó a nuestro país caminando a través de Roncesvalles, como los antiguos viajeros. En 1959 se estableció en Valladolid, donde impartió clases de inglés. Tras viajar por los Estados Unidos

Donald Gray in the garden of his home in Atalbéitar in 2016
Donald Gray en el jardín de su casa de Atalbéitar en 2016

of old. In 1959 he settled in Valladolid, where he taught English. After travelling around the US and Denmark, in 1961 he returned to Spain, where he lived first in Torremolinos and later in Almuñécar.

From his first visit to Andalusia, he never ceased wandering about its villages and landscapes, always carrying paper and watercolours. He was soon seduced by the charm of its vernacular architecture as practised by master builders and in the various crafts passed on from generation

y Dinamarca, en 1961 regresó de nuevo a España, y se estableció primero en Torremolinos y luego en Almuñécar.

Desde su primera visita a Andalucía no dejó de recorrer sus pueblos y paisajes, armado siempre con papel y acuarelas. Pronto iba a ser seducido por el encanto de su arquitectura popular, la realizada por los maestros de obras, y por el de los diversos oficios transmitidos de generación en generación. Sus dibujos de paisajes, calles y edificios iban a complementarse desde entonces con sistemáticas

La casa de
Antonio Gallego y Burin 2007

to generation. His drawings of landscapes, streets and buildings were annotated from then on with systematic measurements and details gathered on any architectures or building features that caught his eye.

This was the early sixties. Spain's development was

mediciones y tomas de datos de cuantas arquitecturas y elementos constructivos llamaban su atención.

Eran los primeros años de la década de los sesenta. España estaba a punto de iniciar su desarrollo económico después de una década de economía ralentizada. Los paisajes costeros malagueños y

◄ Birth House of Antonio Gallego y Burín, Granada, 2007
Casa natal de Antonio Gallego y Burín, Granada, 2007

► View of the Zaouia created around the Marabout of Sidi Ali Bou Sarghine in Sefrou, Morocco, 1978
Vista de la Zaouia formada en torno al morabito de Sidi Ali Bou Sarghine en Sefrú, Marruecos, 1978

about to take off after a decade of economic torpor. The coastal landscapes of Málaga and Granada provinces were still, in Gray's words, "a picture of paradise". Only the region's whitewashed, compact towns and villages stood out from the sea of rich green generated by its subtropical climate. Spain had just been accepted into the international community[3] and tourism was gradually arriving. Gray witnessed the consequences for architecture and urban design of the advent of mass tourism in Andalusia. His "paradise" began to undergo a transformation into a mess of disjointed suburbs bristling with individual houses, mostly designed as repetitive series of generic structures, while

granadinos eran aún, en palabras del propio Gray, "la imagen del Paraíso". Sólo sus encalados y compactos núcleos urbanos salpicaban ese océano de intenso verde que crea el clima subtropical de la región. España acababa de ser aceptada por el concierto de las naciones[3]. Lenta y gradualmente el turismo llegaba a nuestro país. Donald Gray fue testigo de las consecuencias arquitectónicas y urbanas de la llegada a Andalucía del turismo de masas. Su "paraíso" comenzaba su transformación en una maraña de estructuras suburbanas inconexas y pobladas de viviendas unifamiliares que, en su mayoría, eran diseñadas como repetitivas series de construcciones genéricas, mientras que en su frente

the coast was steadily scattered with shoddily built blocks of scarce architectural interest. The presence of this new construction in environments that had remained nearly unchanged for decades was shocking and overwhelming, lacking in all respect for architectural and urban precedent. Yet despite the damage done to the coast, the large, quick real-estate profits thereby to be had opened the door to this model.

costero brotaban uno tras otro bloques de escaso interés arquitectónico y de pobre construcción. La presencia de estas nuevas obras en entornos que habían permanecido casi inmutables por décadas resultaba chocante, abrumadora y carente del más elemental respeto por el precedente arquitectónico y urbano. Sin embargo, por encima del daño causado al litoral, el cuantioso beneficio inmobiliario inmediato obtenido por esta vía iba a allanar el camino de este modelo.

◀ Church of Santiago, Cádiz, 2009
Iglesia de Santiago, Cádiz, 2009

▶ Landscape between Málaga and Loja, 1980
Paisaje entre Málaga y Loja, 1980

Largo das Portas do Sol, Lisbon, 1996
Largo das Portas do Sol, Lisboa, 1996

DONALD GRAY, A DISTINGUISHED DILETTANTE

It was in this context, captivated by the beauty and simplicity of vernacular architecture and concerned at the course being taken by the new architecture, that Donald Gray chose to take up the architect's trade. He was not trained as such, in the sense of having been to a school of architecture. Neither indeed had the masters of the various crafts involved in creating the architecture he so admired. Yet many of those who were wrecking it had. Gray was thus a distinguished dilettante, one of the many such that European architectural culture generally and Anglo-Saxon culture in particular have given us over recent centuries[4]. Indeed, he was always wary of the academic world and never failed to point out the educational shortcomings made manifest in the work of architects and urban planners along these coasts.

His training was on the job and in observing the built environment he venerated. He learnt by working side by side with craftspeople. He regarded Javier Montilla del Castillo, the master builder with whom in 1961 he produced his first architectural project – Casa Moore O'Farrell in Torrecuevas (Almuñécar) – as his first teacher. It was then still easy to find skilled artisans, and Gray always sought to soak up all he could from each one. At the same time he studied the recurring features of construction and composition: doors, gates, windows, cornices, ironwork, tiling, etc. He also observed the wealth and complexity of urban plans, pavings, fountains and ponds and the use of water, gardens and greenery in houses and townscapes. He studied the age-old methods and techniques of traditional construction wherever he was to design a building.

DONALD GRAY, UN DISTINGUIDO DILETANTE

Es en ese contexto, maravillado por la belleza y la sencillez de la arquitectura popular y preocupado por el rumbo que estaba tomando la nueva arquitectura, cuando Donald Gray decidió dedicarse al oficio de arquitecto. No lo era de formación. Es decir, no había pasado por una escuela de arquitectura. Tampoco lo habían hecho los maestros de obras y de los diferentes oficios que intervenían en la puesta en pie de esa arquitectura que tanto admiraba. Y sí, sin embargo, muchos de quienes estaban destruyéndola. Donald Gray fue, por tanto, un distinguido diletante, uno de los muchos que la cultura arquitectónica europea en general y más específicamente la anglosajona ha dado a lo largo de los últimos siglos[4]. De hecho, siempre desconfió del mundo académico y nunca dejó de denunciar las carencias formativas que el resultado de la actuación de arquitectos y urbanistas por aquellas costas ponía de manifiesto.

Su escuela fue la propia obra y la observación de aquellos entornos que tanto admiraba. Aprendió trabajando, codo con codo, con los diferentes oficios. Consideraba su primer profesor de arquitectura a Javier Montilla del Castillo, el maestro de obra con quien realizó en 1961 su primer proyecto arquitectónico, la Casa Moore O'Farrell, en Torrecuevas, Almuñécar. Era aún fácil encontrar buenos artesanos y Donald Gray trató siempre de absorber cuanto pudo de cada uno de ellos. Al mismo tiempo, estudió las constantes que aparecen en la construcción y composición de los edificios: las puertas, ventanas, cornisas, rejerías, azulejos, etc. Observó igualmente la riqueza y complejidad de los trazados urbanos, de los pavimentos, de las fuentes y de los estanques, y la presencia del agua, de los jardines y de la vegetación en la casa y en la ciudad. Analizó las técnicas y tecnologías centenarias de la construcción tradicional allá donde fuera a diseñar cualquier edificio.

The growing influx of tourism led to ever more construction with systems and materials alien to traditional ones, ever remoter from the trades of the master craftsmen with whom Donald Gray learned and worked. Yet Gray remained committed to traditional architecture and urbanism, as opposed to the dull, faceless buildings proliferating around old towns and by formerly untouched beaches. This was an intimate conviction. He believed vernacular architecture was not just nicer but also the only way of building responsibly in such settings. He never lost this belief, despite the sweeping changes he was to witness over the years.

La creciente afluencia del turismo incrementó la construcción con sistemas y materiales que nada tenían que ver con los tradicionales, cada vez más extraños a los oficios de los excelentes gremios con los que Donald Gray aprendió y trabajó. Con todo, él apostaba por la arquitectura y el urbanismo tradicionales, en clara contraposición con los anodinos edificios sin carácter que proliferaban en torno a los antiguos núcleos urbanos y junto a las playas antes vírgenes. Era su apuesta personal, convencido no sólo de que su resultado complacía más a la gente, sino también de que era la única forma responsable de intervenir sobre aquellos entornos. Nunca perdería esta convicción, a pesar de las tremendas transformaciones que hubo de presenciar con los años.

View of La Herradura, Almuñécar, Granada ◄
Vista de La Herradura, Almuñécar, Granada

Casa Morgan, Almuñécar ►

A few months after the house in Torrecuevas he built Casa Morgan, also in Almuñécar. This house was so well rooted in the local architectural tradition that in 2007 the Almuñécar town council chose to set up its Museum of Local Traditions and Andalusian Gastronomy there, though this involved major alterations over the original design.

After the resounding success of his early projects, in 1963 he set out with the landowner Antonio Álvarez de Cienfuegos and Juan Martín de Rosales on his first attempt at an entire urban ensemble: a set of eleven houses in Barrio de San Juan on the

A la casa de Torrecuevas iba a seguir unos meses más tarde la Casa Morgan, también en Almuñécar. Tan arraigada en la tradición arquitectónica local estaba esta casa que en 2007 el Ayuntamiento de Almuñécar iba a ubicar en ella su Museo de Tradiciones Populares y Gastronomía Andaluza, si bien hubo de acometer para ello importantes alteraciones sobre el diseño original.

Tras el rotundo éxito de sus primeros proyectos, en 1963 se embarcó junto a Antonio Álvarez de Cienfuegos, propietario del terreno, y Juan Martín de Rosales en el que sería su primer ensayo de una

left bank of the Verde river in Almuñécar. Here already we find systems for shaping a development to suit the terrain and the nature of the place together with a use of the traditional architectural features that appear recurrently in his work. Following a procedure that he applied in most of his later projects, the development was built progressively so that the ongoing works could be funded with the sale of completed houses.

barriada completa. Fue un grupo de once casas en el Barrio de San Juan, en la margen izquierda del Río Verde, en Almuñécar. Se aprecian ya en él los sistemas de adecuación a la topografía y las condiciones del lugar y la utilización de los elementos propios de la arquitectura tradicional que sistemáticamente aparecerán en sus obras. Siguiendo un procedimiento que se utilizará en la mayor parte de sus sucesivos proyectos, las casas fueron edificándose progresivamente, de forma que las obras pudieran financiarse con la venta de las propias viviendas.

◄ View of the river plain of Río Verde before the arrival of tourism
Vista de la vega del Río Verde antes de la llegada del turismo

► View of the ensemble built in the Barrio de San Juan, which dominates the river plain of Río Verde in Almuñécar
Vista desde conjunto construido en el Barrio de San Juan, dominando la vega del Río Verde, en Almuñécar

In 1965-66 he built San Nicolás, a larger development in La Herradura, also in Almuñécar, including Hotel La Tartana, located on a hill crowned by an old watchtower overlooking the bay. This was another great success. The streets wind up the hillside with fine views and sheltered spots with a charm wholly in keeping with Andalusian

Entre 1965 y 1966 llevó a cabo San Nicolás, una urbanización de mayor entidad, en La Herradura, también en Almuñécar, que incluía el Hotel La Tartana. Se situó sobre una loma coronada por una antigua atalaya que domina la bahía. El éxito fue nuevamente extraordinario. Las calles serpenteantes ascienden por la ladera, regalando hermosas vistas y

◄ Ensemble built in the Barrio de San Juan del Río Verde: drawing carried out during the construction process, in January 1965, and view at the end of the works
Conjunto del Barrio de San Juan del Río Verde: dibujo realizado durante el proceso de construcción, en enero de 1965, y estado al finalizar las obras

► Access to the ensemble of San Nicolás, La Herradura, Almuñécar
Acceso al conjunto de San Nicolás, La Herradura, Almuñécar

vernacular architecture and urbanism. As the complex was built, Gray moved into one of the first completed houses so that he could better supervise the works, as he was to do in many later projects. Each house was built with its own design, unlike the monotonous repetition of other developments, on plans of 80 to 120 m2 with two

rincones, de una belleza que entronca plenamente con la tradición arquitectónica y urbana propia de la Andalucía popular. Durante la construcción del conjunto, Donald Gray se trasladó a vivir en una de las primeras casas que se edificaron para poder supervisar así más directamente las obras, tal como haría en buena parte de sus proyectos posteriores.

or three bedrooms. The ensemble has since been much changed with additions and alterations but Gray's touch is still to be seen in many details.

Cada una de las casas que se construyó con su propio diseño, eludiendo la monótona repetición de otros desarrollos urbanos. Contaban todas con entre 80 y 120 metros cuadrados y entre dos y tres dormitorios. El conjunto se encuentra hoy muy alterado, tras múltiples adiciones y transformaciones posteriores, pero su mano sigue percibiéndose en numerosos detalles.

◄ San Nicolás during its construction process
San Nicolás durante el proceso de construcción

► Detail of a small window with a *montera* in San Nicolás
Detalle de una pequeña ventana con montera en San Nicolás

CALLE LA
TARTANA

The original design of Hotel La Tartana, a two-storey building on a U-shape plan open to the north-east, is better preserved. The "U" embraces a courtyard arrangement with brick arches distributing the space and providing cool shade. The building stands on a platform opening onto a terrace and serving as the roof of a third, lower floor facing the sea. This floor contains the dining room, kitchen and stores, while the main entrance floor houses the reception, office, lounge, games room and bar, designed to serve the whole complex.

Hotel La Tartana, with its exquisite setting, acquired great fame and became a favoured spot for celebrated visitors to Almuñécar and its area. Not for nothing did Brigitte Bardot call it "the most beautiful hotel on the coast".

Se ha conservado en mayor medida el diseño original del Hotel La Tartana, un edificio de dos plantas y planta en "U" abierta hacia el noreste. Dicha "U" abraza un patio resuelto con arquerías de ladrillo que distribuye el espacio y le aporta frescor. Esta construcción se apoya sobre una plataforma sobre la que se abre una terraza. Esta plataforma cobija una tercera planta situada más abajo y orientada hacia el mar. En ella se encuentran el comedor, la cocina y los almacenes. En la planta de acceso, la principal, la recepción, la oficina, el salón, la sala de juegos y el bar, concebido para dar servicio a la totalidad del conjunto.

La fama adquirida por el Hotel La Tartana, en tan hermosa ubicación, fue enorme, llegando a constituirse como el lugar favorito de los famosos visitantes a Almuñécar y su entorno. No en vano Brigitte Bardot iba a proclamarlo "el hotel más bello de la costa".

◄ Detail of a window with a *montera* in San Nicolás
Detalle de una ventana con montera en San Nicolás

► Design drawings for the Hotel La Tartana in San Nicolás
Dibujo de proyecto del Hotel La Tartana en San Nicolás

Donald Gray's projects met with success. His houses sold straight away, snapped up by a select set of aesthetes.

These projects were followed by four developments whose scale and complexity require us to devote a full section to each one. Chronologically, these are Pueblo López, in Fuengirola, La Virginia and Las Lomas del Marbella Club, both in Marbella, and Nuevo Pueblo in Mijas, all in Málaga province.

El éxito acompañaba a los proyectos de Donald Gray. Las casas se vendían inmediatamente; los compradores constituían un público selecto, amante de la belleza.

A estas obras siguieron cuatro proyectos urbanos a los que, por su envergadura y complejidad, se dedica en este libro un capítulo completo a cada uno. Todos ellos están en la provincia de Málaga y son, por orden cronológico: Pueblo López, en Fuengirola, La Virginia y Las Lomas del Marbella Club, ambos en Marbella, y el Nuevo Pueblo de Mijas.

Advertising material for the Hotel La Tartana ◄
Material publicitario del Hotel La Tartana

Interior patio of the Hotel La Tartana ►
Patio interior del Hotel La Tartana

Work on Pueblo López, consisting of fifty dwellings on a large property between Fuengirola and Mijas, started in 1967.

Two years later, in 1969, building began at La Virginia, a lovely spot with well-kept vegetation north-west of Marbella. La Virgina is undoubtedly one of Gray's finest achievements.

In 1973 he began one of his best known and most accomplished developments: Las Lomas del Marbella Club Pueblo. It consists of ninety dwellings with a wide and rich repertoire of features characteristic of traditional local architecture. The layout of the streets and plazas and the use of fountains, gardens and greenery make it a place of great beauty. Today it is protected by Marbella town council in token of its notable architectural and landscape value. Gray worked there up to 1984.

In these years he built another major complex, Nuevo Pueblo de Mijas, the last of this series of urban ensembles that remain a model of what moderate and careful urban development, drawing lessons from its setting, might have involved for these parts.

Also from this period is Los Naranjos, a smaller complex of some ten dwellings in Nueva Andalucía. This set of buildings around a square went on to serve as the hub of a larger, unstructured development no longer under Gray's aegis.

The paradigm shift in real estate, with a loss of interest in architectural and urban quality in residential developments, prevented all these projects from being continued in keeping with the principles according to which they were conceived.

Gray's next large urban projects on the coast are from a later stage and were not ultimately built, including Hotel Shamoun, designed in 2002-03, or the large complex he designed in 2005 at La Viña, in Algeciras, for the Duke of Lerma, Fernando

Pueblo López, que abarcaba cincuenta casas en una amplia finca situada entre Fuengirola y Mijas, comenzó en 1967.

Dos años más tarde, en 1969, se comenzó a edificar La Virginia, un bellísimo enclave, con cuidada vegetación, situado al noroeste de Marbella. La Virginia es sin duda una de las obras más hermosas de Donald Gray.

En 1973 inició uno de los proyectos más famosos y más conseguidos de su carrera, Las Lomas del Marbella Club Pueblo. Comprende noventa casas, donde existe un amplio y rico repertorio de detalles propios de la arquitectura tradicional marbellí. El trazado de las calles, las plazuelas, así como la inclusión de fuentes, jardines y vegetación hacen de este lugar un enclave de belleza excepcional. El Ayuntamiento de Marbella lo protege hoy como muestra de su alto interés arquitectónico y paisajístico para la ciudad. Allí Donald Gray trabajó hasta 1984.

En esos años construyó también otro importante conjunto, el Nuevo Pueblo de Mijas, el último de esta serie de conjuntos urbanos que se erigen aún como modelo de lo que un desarrollo urbano más medido, cuidado y atento a las enseñanzas del lugar podría haber supuesto para la región.

También de estas fechas es Los Naranjos, un conjunto más pequeño, de unas diez casas, en Nueva Andalucía. Este pequeño grupo de edificios en torno a una placita serviría desde entonces de núcleo central para un desarrollo urbano más amplio y desestructurado que no contó ya con la guía de Donald Gray.

El cambio de paradigma inmobiliario, con un menguante interés por la calidad arquitectónica y urbana de las promociones a desarrollar, truncaría la finalización de todos estos proyectos conforme a los principios con los que originalmente se concibieron.

Larios. This had a large central park and four squares, of which the main one was inspired by Plaza de la Iglesia in San Roque (Cádiz province).

Sus siguientes grandes proyectos urbanos en la costa pertenecen a una etapa posterior y nunca llegaron a ejecutarse, como el Hotel Shamoun, desarrollado entre 2002 y 2003, o el gran conjunto que proyectara en 2005 en La Viña, Algeciras, para el Duque de Lerma, Fernando Larios. Éste último habría contado con un gran parque central y cuatro plazas, la principal de ellas inspirada en la Plaza de la Iglesia de San Roque, Cádiz.

Designed access for the Hotel Shamoun, 2002
Acceso proyectado para el Hotel Shamoun, 2002

OLD WATER TANK
MAGIC AREA WITH MOORISH RUINS
LEAVE UNTOUCHED NOT MANICURED HIDDEN BAR FOR SUNDOWN DRINKS
RUIN
VILLAG TAVERN & EATS
OLD FOUNT

View of the ensemble designed for the Hotel Shamoun, 2002

Vista del complejo proyectado para el Hotel Shamoun, 2002

Design for La Viña, Algeciras, 2005 ◄ ►
Proyecto para La Viña, Algeciras, 2005

Drawing of the Plaza de la Iglesia of San Roque, 1962, used as a reference for the design of the main square designed for La Viña, Algeciras ◄
Dibujo de la Plaza de la Iglesia de San Roque, 1962, tomada como referencia para el diseño de la plaza principal proyectada para La Viña, Algeciras

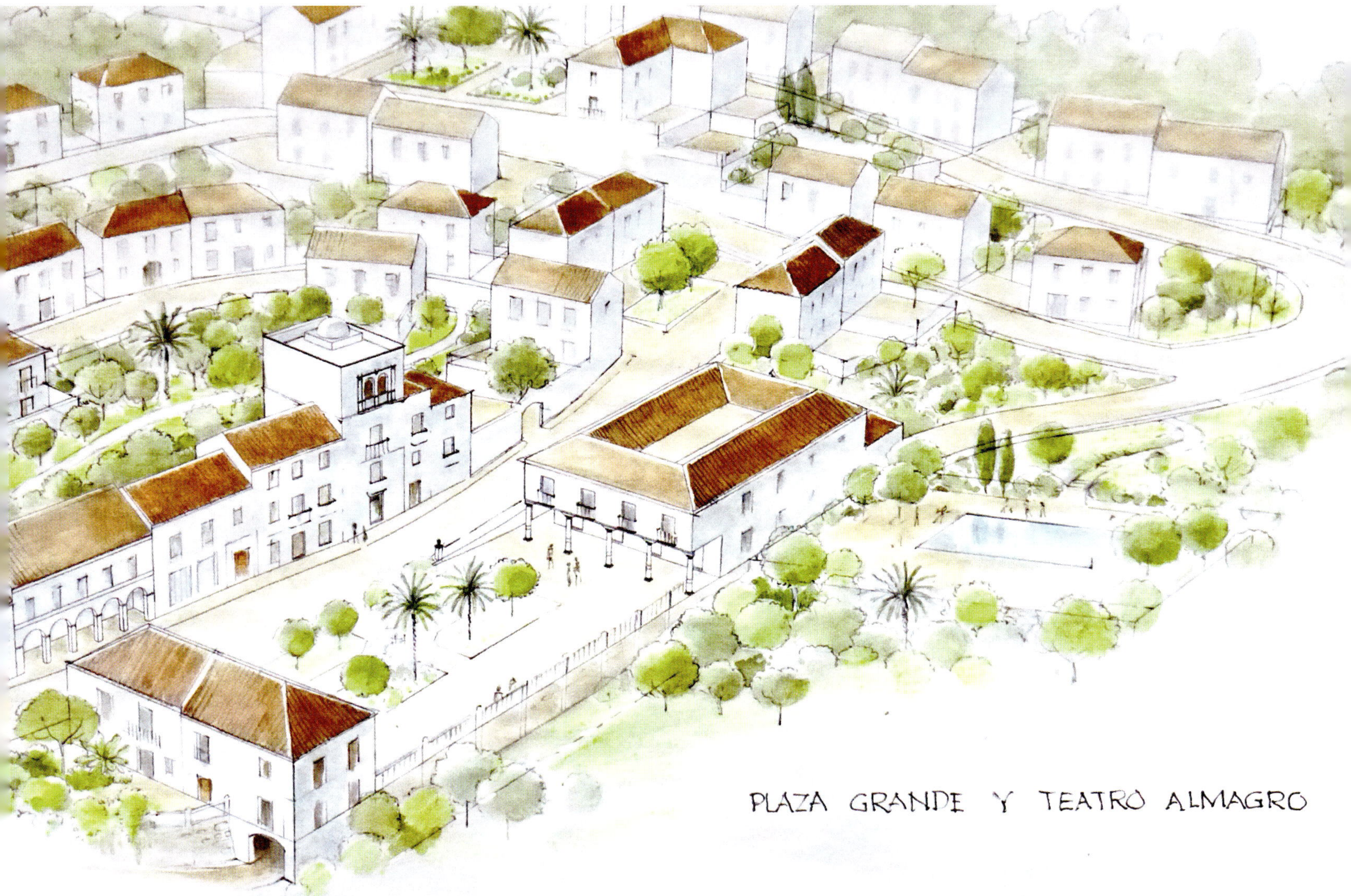

PLAZA GRANDE Y TEATRO ALMAGRO

Moreover in the eighties, traditional trades were already disappearing. The economic development above any other consideration of the previous decades had left the coast spoilt by buildings without character. It was hard to find good craftspeople such as those with whom Donald Gray had started out. Their trades gave us the fantastic traditional architecture of Andalusia, and clearly, as in other parts of the world, without them such architecture cannot subsist.

In this context, influenced by the experience of his friend Gerald Brenan, whose house he had designed in Alhaurín el Grande in 1968-69, Gray gradually withdrew from a region which he saw deteriorating fast, gravitating towards what would become his refuge in the Alpujarra. As of 1975 he alternated the supervision of his projects on the

Además, ya en la década de los 80 los oficios tradicionales estaban en trance de desaparición. El desordenado desarrollismo de las dos décadas precedentes había dejado la costa devastada por anodinas construcciones. Resultaba difícil encontrar buenos artesanos como aquellos con los que Donald Gray había iniciado su andadura. A esos oficios se debe la fantástica arquitectura tradicional de Andalucía y, al igual que en otros lugares del mundo, resulta evidente que, sin ellos, la arquitectura tradicional no puede subsistir.

En este contexto, influido por la experiencia de su amigo Brenan, para quien diseñó entre 1968 y 1969 su casa en Alhaurín el Grande, Donald Gray fue poco a poco abandonando una región que veía deteriorarse a pasos agigantados, trasladándose progresivamente al que sería su refugio alpujarreño.

coast with stays in Bubión, and later in Atalbéitar he found a definitive home, albeit not without first pursuing his aims by a new means.

Ya en 1975 comenzó a alternar la dirección de sus obras en la costa con estancias en Bubión, y más adelante encontraría en Atalbéitar su hogar definitivo, pero no sin antes tratar de acercarse a sus objetivos por una nueva vía.

◄ View of Ferreirola from Atalbéitar
Vista de Ferreirola desde Atalbéitar

◄ View of La Mezquita, in Busquístar, 2011–2012
Vista de La Mezquita, en Busquístar, 2011–2012

► Street in Bubión, 1974
Calle de Bubión, 1974

The Plaza de la Cruz in Lebrija before and during its rearranging carried out by the team of the School ◄
La Plaza de la Cruz de Lebrija antes y durante su recomposición por el equipo de la Escuela

Design for the ensemble of the School of Lebrija ►
Proyecto para el conjunto de la Escuela de Lebrija

From 1986, he put his efforts to avoid the disappearance of the Andalusian architectural tradition into the sphere in which his work seemed most urgently needed: training artisans in the various building crafts. Thus was founded, under his supervision and with José Antonio Garbayo as managing partner, the School of Lebrija. This

Desde 1986, centró sus esfuerzos por evitar la desaparición de la tradición arquitectónica andaluza en el frente que parecía necesitar su trabajo con mayor urgencia: el de la formación de artesanos en los diferentes oficios de la construcción. Se fundó así bajo su dirección y con la colaboración en la gestión de José Antonio Garbayo, la Escuela de Lebrija.

Basic ironwork arrangements with different levels of complexity for their teaching at the School of Lebrija
Composiciones básicas de rejerías con diferente grado de complejidad para su enseñanza en la Escuela de Lebrija

taught trades such as masonry, carpentry, ironwork, ceramics and garden landscaping, with practical exercises such as the restoration of various historic buildings and the remodelling and upgrading of urban spaces in Lebrija, along with other projects like the monumental fountain in Plaza de Don Antonio Cañadas in Trebujena. This craft school

Se enseñaban en ella oficios como albañilería, carpintería, herrería, cerámica, jardinería y también se realizaban ejercicios como la restauración de varios edificios históricos y el embellecimiento y la mejora de varios espacios urbanos lebrijanos, así como otras obras como la fuente monumental de la Plaza de Don Antonio Cañadas en Trebujena. Los propios

◄ Locksmithing, painting and wooden structures workshops at the School of Lebrija
Talleres de cerrajería, pintura y estructuras de madera en la Escuela de Lebrija

► Project for the fountain located in the Plaza de Don Antonio Cañadas in Trebujena
Proyecto para la fuente de la Plaza de Don Antonio Cañadas en Trebujena

was built by the students themselves, progressively adding buildings, workshops and gardens. With the help of a master in the trade, they even built thatched huts in a regional tradition that already seemed to be fading and which today is kept alive by just a few artisans, such as Antonio Gandano. At the school Gray was accompanied, as teachers and pupils, by some of the finest craftspeople still plying their trades in Andalusia. Some would also settle in the Alpujarra and continue to work with him on his projects there over the following decades. Notable examples are the ceramist Fátima Quesada, the blacksmith Juan José Gómez, Gabriel Montero, Francisco Aguilar, Rafael Vaquero, along with many others.

alumnos construyeron la escuela, un conjunto al que progresivamente fueron sumándose edificios, talleres y jardines. Incluso llegaron a ejecutar, con la ayuda de un maestro en el oficio, chozas de cubierta vegetal según una tradición regional que ya entonces parecía languidecer y que hoy siguen manteniendo viva apenas un puñado de personas, como Antonio Gandano. En esta escuela acompañaron a Gray, tanto en el equipo docente como entre el alumnado, algunos de los mejores artesanos que siguen hoy ejerciendo su oficio en Andalucía. Algunos de ellos terminarían también instalándose en La Alpujarra y continuarían colaborando con él en los proyectos que iba a desarrollar allí durante las décadas siguientes. De ello son buen ejemplo la ceramista Fátima Quesada, el herrero Juan José Gómez, Gabriel Montero, Francisco Aguilar, Rafael Vaquero, y muchos otros.

◄ ► Thatched construction built by the team of the School of Lebrija
Edificio con cubierta vegetal construido por el equipo de la Escuela de Lebrija

◄ Chair designed by Donald Gray and carried out in the cabinetmaking workshop of the School of Lebrija
Silla diseñada por Donald Gray y realizada en el taller de ebanistería de la Escuela de Lebrija

► Ensemble of the School of Lebrija under construction
Complejo de la Escuela de Lebrija en construcción

► Model of the design for the School
Maqueta de proyecto de la Escuela

▼ Gabriel Montero, master builder who worked with Donald Gray in some of his teaching projects, working on the construction of a new garden of public use in Atalbéitar, carried out in collaboration with Donald Gray
Gabriel Montero, maestro de obra que colaboró con Donald Gray en algunos de sus proyectos docentes, trabajando en la construcción de un nuevo jardín público en Atalbéitar realizado junto a Donald Gray

This interesting experience in Lebrija lasted until 1989. By then the animosity towards vernacular architecture had spread among architectural and planning professionals and even into government. Indeed, Lebrija town council's architecture department became the chief opponent of Donald Gray's passionate, fruitful endeavour; so much so that the craft school was finally shut down, and much of its built output was even altered in vulgar modernist styles.

La interesante experiencia de Lebrija duró hasta 1989. Para entonces la animadversión hacia la arquitectura popular se había extendido entre profesionales de la arquitectura y del urbanismo y en la propia administración. De hecho, la oficina de arquitectura del Ayuntamiento de Lebrija constituyó el peor enemigo para tan apasionante y positivo empeño de Donald Gray; de tal modo que se terminó cerrando la escuela, e incluso se alteraron en un vulgar estilo moderno muchos de sus resultados construidos.

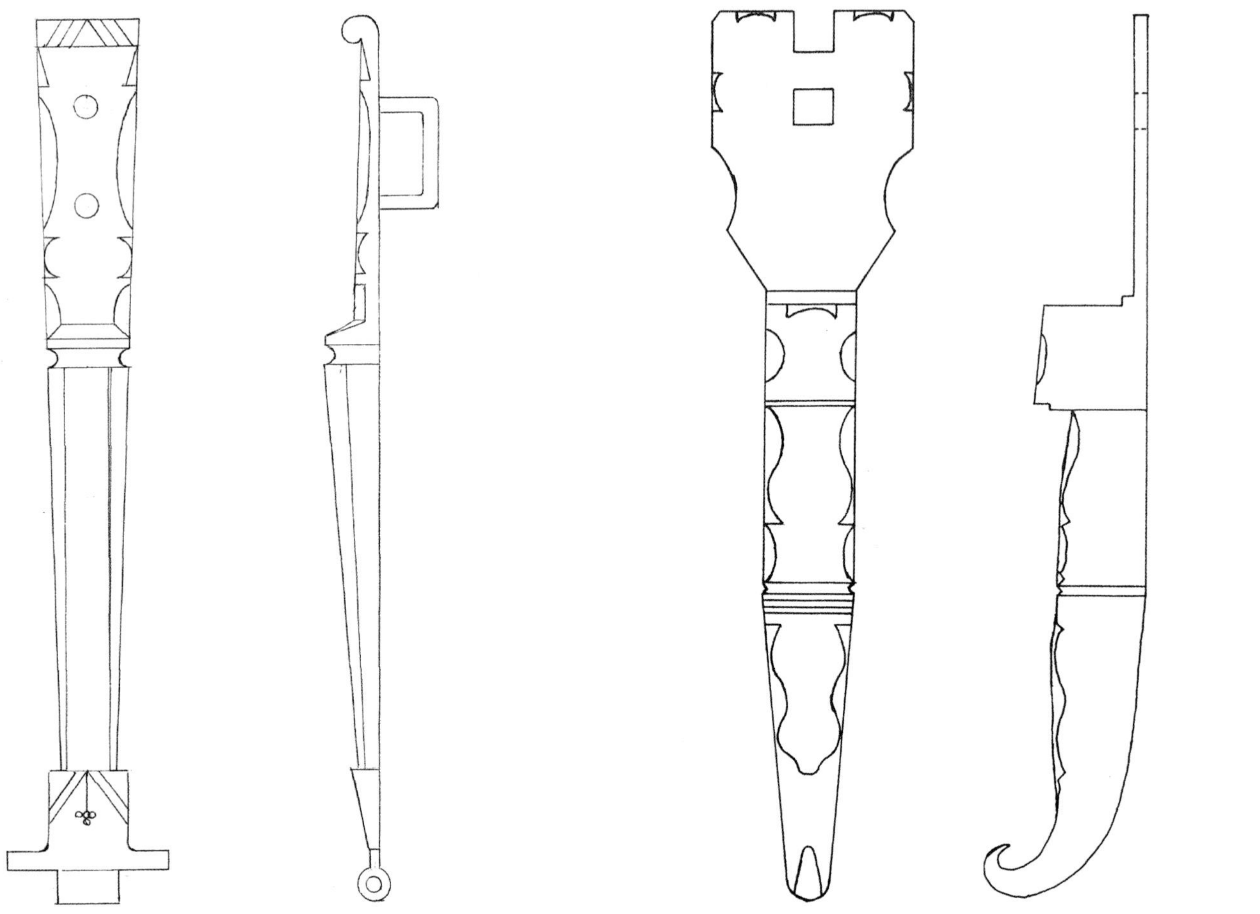

Details belonging to locksmithing designs for the School of Lebrija
Detalles de diseños de cerrajería para la Escuela de Lebrija

Gray and Garbayo did not give up, and from 1996 to 2001, with the psychologist Paco Gabaleiro in Las Lagunillas (Jaén province), they deployed a method similar to the one used to set up and develop the Lebrija complex. In this case the project had a markedly social character: developing the provincial headquarters of the Andalusian Public Foundation for the Social Integration of People with Mental Illness (FAISEM). The idea was to create an environment in which mentally ill patients might be lodged in a pleasant atmosphere in a beautiful, peaceful setting liable to contribute in itself to their wellbeing. Their healing was to be assisted by the quality of their habitat. This

Gray y Garbayo no desistieron, y entre 1996 y 2001 aplicaron en colaboración con el psicólogo Paco Gabaleiro en Las Lagunillas, Jaén, un método similar al que les permitió crear y desarrollar el conjunto de la Escuela de Lebrija. El proyecto en este caso tuvo un carácter eminentemente social, ya que fue el desarrollo de la sede en esta provincia de la Fundación Pública Andaluza para la Integración Social de Personas con Enfermedad Mental (FAISEM). Se trataba de crear un entorno en el que pudieran alojarse pacientes con enfermedades mentales en un ambiente agradable, en un lugar bello y apacible, capaz de contribuir con su propio carácter al bienestar de los enfermos. El objetivo

Composiciones de celosías de forja para la Escuela de Lebrija
Iron latticework designs for the School of Lebrija

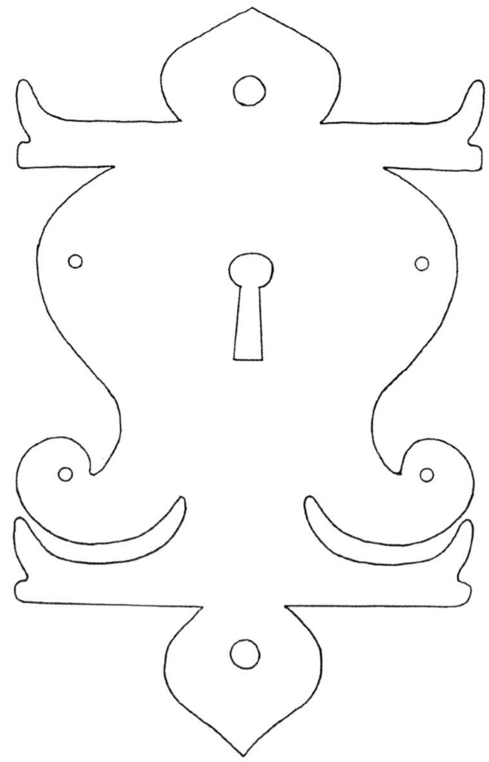

involved first restoring and extending a former farmstead, allowing the patients to take part in the work and thereby to learn a trade. Thus a structure similar to that of the craft school was set up. It had masonry modules, with Rafael Vaquero Pérez in a dual role as teacher and builder; garden landscaping, coordinated by Patricia Cordero López; carpentry, under Ginés Miñano Sánchez; and other vocational branches such as farm animal husbandry and a printing shop and a restaurant, which no longer operate.

era que su recuperación se viera favorecida por la calidad del entorno en el que habitaran. Para ello se partió de la base de rehabilitar y ampliar un antiguo cortijo, permitiendo a los pacientes participar de la propia obra y aprender con ello un oficio. Se montó con este fin una estructura similar a la de las escuelas taller. Contaba con módulos de albañilería, con Rafael Vaquero Perez en el doble papel de docente y maestro de obras del conjunto; jardinería, coordinado por Patricia Cordero López; carpintería, a cargo de Ginés Miñano Sánchez; y otros trabajos como el cuidado de diversos animales de granja, además de una imprenta y un restaurante que ya no están en funcionamiento.

◄ Four designs for keyholes for the School of Lebrija
Cuatro diseños de bocallaves para la Escuela de Lebrija

► Poster advertising an exhibition of the works of the School of Lebrija
Cartel de una exposición de los trabajos de la Escuela de Lebrija

▼ View of Ferreirola
Vista de Ferreirola

A REFUGE IN THE ALPUJARRA

As of his last years in Lebrija, Donald Gray began making a home for himself in the Alpujarra. He chose the high part of this rugged region, settling finally in Atalbéitar, a hamlet perched on a hillside with simple buildings and narrow streets closed to motor traffic even today. At 1,300 m above sea level, its views are spectacular. In the Alpujarra one never feels far from Mulhacén, the highest peak in the Iberian Peninsula at 3,478 m. From the heights of Sierra Nevada, meltwater rushes down myriad streams turning the sunny slopes of these secluded parts into unrivalled orchards. The terracing of hillsides and channelling of water

EL REFUGIO DE LA ALPUJARRA

Desde los últimos años en Lebrija, Donald Gray fue preparando su casa en La Alpujarra. Eligió la parte alta de esta escarpada comarca, fijando su hogar definitivo en Atalbéitar, una pequeña aldea colgada en la ladera, de sencillas construcciones y estrechas callejuelas, a la que aún hoy no accede el tráfico rodado. Desde sus 1.300 metros de altura, las vistas son espectaculares. En La Alpujarra se siente la presencia del Mulhacén, la montaña más alta de la Península Ibérica, con 3.478 metros. Desde las cumbres de la Sierra Nevada las aguas del deshielo se precipitan por incontables torrentes que convierten las solanas de esta apartada región en incomparables

◄ Access to Donald Gray's house in Atalbéitar
Acceso a la casa de Donald en Atalbéitar

► View of Ferreirola from Atalbéitar, 1995
Vista de Ferreirola desde Atalbéitar, 1995

over the centuries has allowed the various levels to flourish with vegetable plots, fruit groves and tiered buildings making remarkable use of the local stone and *launa* clay. Atalbéitar itself is traversed by several old irrigation channels. It was here, partly dug out in the rocky slope, that Donald Gray found the ruins which he was to rebuild and turn into his definitive refuge.

His house is on a rectangular plan, tiered over three levels in step with the slope. The main entrance opens, like a cave mouth, into the small ground floor, and from here one climbs to the main floor. Only this main level extends across the house's full

vergeles. Siglos de trabajo aterrazando sus laderas y reconduciendo esas aguas han permitido poblar esos bancales de huertos, frutales y escalonadas construcciones que utilizan de forma incomparable la piedra y la launa que ofrece aquel terreno. El propio Atalbéitar es recorrido por varias de estas antiguas acequias. Allí, semiexcavada en los escarpes rocosos, encontró Donald Gray las ruinas que reconstruyó y transformó para convertirlas en su refugio definitivo.

Se trata de una casa de planta rectangular, dispuesta en tres alturas que se van escalonando para salvar la pendiente. El acceso principal se abre, como si se

Views of Cástaras ◄
Vistas de Cástaras

Garden belonging to Donald Gray's home in Atalbéitar, 1997 ►
Jardín de la casa de Donald Gray en Atalbéitar, 1997

length, with the main apartments: a living room and a dining room/kitchen. Its short side opens to the south over a terrace shaded by a hanging vine. The east side gives onto a placid garden, meticulously designed and cultivated and at the same time as simple and natural as all of Gray's work. All the rooms adjoining the hillside are fixed to the natural rock, left bare, forming their north wall. The furnishings (chairs, tables, shelves, wardrobes, etc.) were mostly designed by himself, inspired by the modest furniture of traditional homes in the region but with details exquisitely stylised and refined in a manner reminiscent of the celebrated Shaker furniture.

tratara de la boca de una cueva, en la pequeña planta baja, y desde él se asciende a la planta principal. Sólo ésta se desarrolla en toda la longitud de la casa y en ella se encuentran sus principales estancias: el salón y el comedor-cocina. En su lado corto se abre hacia el sur por medio de una terraza sombreada por un emparrado, mientras que su frente oriental da acceso a un apacible jardín cuidadamente compuesto y cultivado y, al mismo tiempo, tan sencillo y natural como toda la arquitectura de Donald Gray. Todos los espacios adyacentes a la ladera se anclan a la roca viva, que se dejó expuesta, haciendo de muro septentrional de cada uno de ellos. El mobiliario (sillas, mesas, estanterías, alhacenas, etc.) es mayoritariamente de diseño propio, inspirado en los escasos muebles con los que contaban tradicionalmente las casas de la región, pero estilizando y depurando los detalles en una operación de extrema belleza que acerca el resultado al afamado mobiliario Shaker.

The allure of this part of the Alpujarra is undeniable. It has attracted people from the world over in search of a peaceful, beautiful habitat. Many artists and artisans live in these parts,

El atractivo de este lugar de La Alpujarra es incuestionable. Por ello ha atraído a gentes de todos los lugares del mundo que buscan un ambiente tranquilo y hermoso para vivir. Son

Terrace covered by a vine arbour in Donald Gray's home in Atalbéitar ◄
Terraza cubierta por un emparrado en la casa de Donald Gray en Atalbéitar

Fountain located in the Plaza del Doctor Pérez Ramón in Bubión ►
Fuente de la Plaza del Doctor Pérez Ramón en Bubión

forming a vibrant community including some of Gray's own closest colleagues.

Indeed, the move to the Alpujarra did not in any way entail a break in his work. From his early stays, in 1979, Gray designed a new fountain for Plaza del Doctor Pérez Ramón in Bubión, site of the village's church of Our Lady of the Rosary and town hall. Also in Bubión he was to build a set of tiered houses

muchos los artistas y los artesanos que viven en la región, conformando una vibrante comunidad de la que forman parte algunos de los principales colaboradores del propio Donald Gray.

De hecho, su traslado a La Alpujarra no supuso en absoluto un descanso en su trabajo. Ya en sus primeras estancias, en 1979, Donald Gray diseñó una nueva fuente para la Plaza del Doctor Pérez

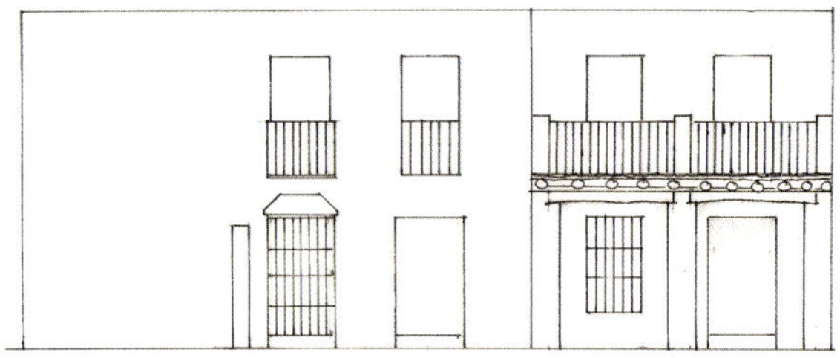

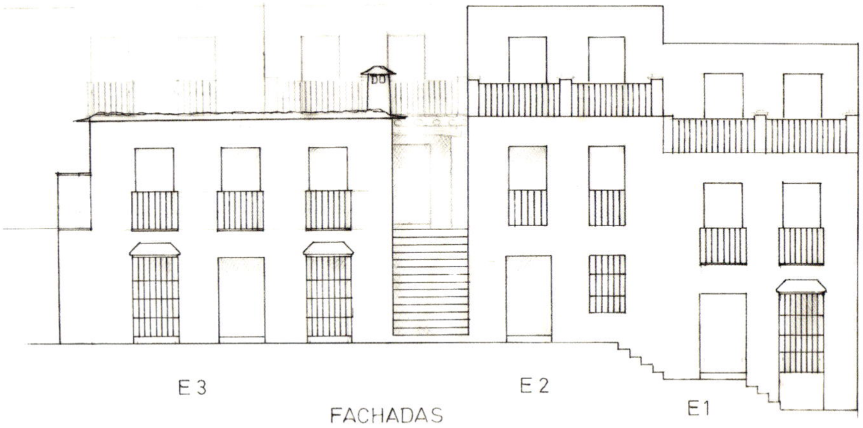

◄ Elevations for the design for the ensemble "Los Cerezos" in Bubión
Alzados del proyecto para el conjunto "Los Cerezos" en Bubión

◄ Porch within the ensemble of "Los Cerezos" in Bubión
Tinao en el conjunto de "Los Cerezos" en Bubión

► Ensemble of "Los Cerezos" in Bubión
Conjunto "Los Cerezos" en Bubión

▼ View of the ensemble of Prado Toro, close to Pitres
Vista del conjunto de Prado Toro, cerca de Pitres

according to the Alpujarra tradition and forming what is now Calle Mecila. This project appears in Gray's sketches as "Los Cerezos", because of the cherry trees growing there.

Ramón de Bubión, el espacio donde se encuentran tanto la Iglesia de la Virgen del Rosario como la Casa Consistorial de la localidad. También en Bubión iba a realizar un grupo escalonado de casas diseñadas conforme a la tradición alpujarreña, las que conforman la actual Calle Mecila. Este proyecto aparece en los bocetos originales de Gray como "Los Cerezos", debido al arbolado que predominaba en su entorno.

Then in 1980 he began one of his most notable works in the region: Hotel Rural Prado Toro, to the west of Pitres, designed for Ludwig Hönig (known in the Alpujarra as "Ludet") and Maite Ramos Galán, for whom he had already built Casa Maite in Bubión. Again, the ensemble was built wholly in keeping with the Alpujarra tradition, and it was progressively expanded and adapted up to 2000, with a fine garden below also designed by Gray. Ludet himself took charge of the works and produced much of the joinery and masonry. It is an exceptionally peaceful place and, as to be expected

Comenzó entonces, en 1980, la construcción de una de sus obras más significativas en la región: el Hotel Rural Prado Toro, situado al oeste de Pitres y proyectado para Ludwig Hönig, conocido en La Alpujarra como "Ludet", y Maite Ramos Galán, para quienes ya había realizado la llamada Casa Maite en Bubión. Nuevamente se trataba de un conjunto de edificios plenamente acorde con la tradición alpujarreña, que, edificado por etapas, fue ampliándose y adaptándose progresivamente hasta el año 2000, incorporando también a sus pies un bello jardín igualmente diseñado por Donald

from its location over those valleys, commands striking views.

Gray. El propio Ludet se ocupó personalmente de las obras y fue el autor de buena parte de los trabajos de carpintería y albañilería. Se trata de un lugar con una paz excepcional, y, como corresponde a su emplazamiento, dominando aquellos valles, dispone de unas vistas muy hermosas.

◄ Exterior areas in Prado Toro, close to Pitres
Espacios exteriores en Prado Toro, cerca de Pitres

► Perspective drawing of the ensemble of Prado Toro
Axonometría de proyecto para el conjunto de Prado Toro

► Floor plan for the ensemble of Prado Toro
Planta de proyecto para el conjunto de Prado Toro

Ludwig Hönig and Maite Ramos called upon Donald Gray again to rebuild a *carmen* house with garden in Calle San José in the city of Granada. This project began in 1983 and was completed in 1985. With the building's austere exterior being barely altered, the interior was reworked into an urban mansion in the style of the old Moorish houses conserved in the city. From a cool side garden with dense greenery one enters a central courtyard giving onto and letting light into the

Ludwig Hönig y Maite Ramos iban a contar nuevamente con Donald Gray para la reconstrucción de un carmen en la Calle San José de la ciudad de Granada. La obra comenzó en 1983 y terminó en 1985. Sin apenas alterar el austero aspecto exterior del edificio, el interior fue recompuesto para convertirlo en un palacio urbano a la manera de las antiguas casas moriscas que se conservan en la ciudad. Desde un refrescante jardín lateral de densa vegetación se accede a un patio central que sirve

◄ Inside of one of the apartments of Prado Toro
Interior de uno de los apartamentos de Prado Toro

► Wooden balcony belonging to Carmen de San José, in Granada
Balcón de madera del Carmen de San José, en Granada

various rooms. With a magnificent wooden gallery resting on marble columns, this courtyard is in itself an ode to excellence in the building arts: capitals, wooden bearing shoes, corbels, plasterwork, wrought ironwork, etc., all of such quality that the ensemble is breathtaking. Once again Ludet himself played a large part in executing many of the finest details. As to the interiors as such, the rooms open alternately onto the garden's greenery or the placid courtyard, or offer stunning views of the Alhambra and Granada, overlooked by the hill on which the house stands. In the design and execution of the coffering, furnishings, ceramic

para distribuir e iluminar las distintas estancias. Recorrido por una magnífica galería de madera sobre columnas de mármol, este patio es todo él una oda a la excelencia en las artes de la construcción: capiteles, zapatas, canecillos, yeserías, cancelas... todo ello es de una calidad tal que el conjunto resulta deslumbrante. Una vez más el propio Ludet tuvo un papel fundamental en la ejecución de muchas de las mejores piezas. En cuanto a los interiores propiamente dichos, las sencillas estancias se abren alternativamente al verdor del jardín, a la tranquilidad del patio interior o a las maravillosas vistas de La Alhambra y ciudad de Granada que

◄ ► Central patio belonging to the Carmen de San José, in Granada
Patio central del Carmen de San José, en Granada

paving and kitchen and bathroom tiling there is a meticulousness as remarkable as in the courtyard.

ofrece la ladera sobre la que se yergue esta casa. En el diseño y la realización de los artesonados, el mobiliario, los pavimentos cerámicos y los trabajos de azulejería de cocinas y baños se puso un cuidado tan notable como en la realización del propio patio.

◄ Ludet working in his workshop in Prado Toro
Ludet trabajando en su taller en Prado Toro

► Plasterwork decorating the access door to the patio in the Carmen de San José
Yesería que decora la portada del acceso al patio en el Carmen de San José

► Detail of the column and wooden zapata for in the central courtyard of the Carmen de San José
Detalle de columna y zapata madera en el patio central del Carmen de San José

► Living room with coffered ceilings belonging to the Carmen de San José
Salón cubierto con artesonado del Carmen de San José

At this time the Lebrija experience was to be repeated, albeit on a smaller scale, in new craft schools. First in Fondón, in the Alpujarra of Almería province, where a school operated for three years. There again José Antonio Garbayo helped with management and together with the pupils they built an artisan village with various buildings as workshops and dwellings. Later, in 1998, back in the Alpujarra of Granada province, a new craft school was set up in Pitres to continue the project. These new educational initiatives also served to regenerate areas in the municipalities themselves and to restore some notable buildings, such as the palace-house in Fondón. This involved garden design and street paving and lighting among other undertakings. With the help of the pupils they also created special features such as a garden viewpoint in Pitres and a fountain which, though now carelessly truncated, still presides in the village square.

Por aquellas fechas la experiencia de Lebrija iba a repetirse, si bien a menor escala, en nuevas escuelas-taller. Primero en Fondón, en La Alpujarra almeriense, donde estuvo activa durante tres años. Contó allí también con la ayuda de José Antonio Garbayo en su gestión y llegó a edificarse con los alumnos un pequeño pueblo de artesanos, con varios edificios para talleres y viviendas. Después, de regreso a La Alpujarra granadina, una nueva escuela-taller iba a desarrollarse en Pitres, donde se continuó con esta labor en 1998. Estas nuevas iniciativas educativas iban a ser utilizadas además para la regeneración de diversos espacios urbanos de los propios municipios y la restauración de algunos edificios principales, como la casa-palacio de Fondón. Para ello se desarrollaron diversos trabajos de jardinería, de empedrado de calles o de alumbrado público, entre otras iniciativas. Se crearon además, con la ayuda de los propios alumnos, elementos singulares como el Jardín-Mirador de Pitres y la fuente que, aun negligentemente desmochada, sigue presidiendo la plaza de la localidad.

Drawings explaining the use of wooden corbels in the overhanging eaves of the traditional architecture of La Alpujarra ◄
Dibujos explicativos sobre el uso de canecillos de madera en los aleros de la arquitectura tradicional alpujarreña

Garden-viewpoint in Pitres ►
Jardín-Mirador de Pitres

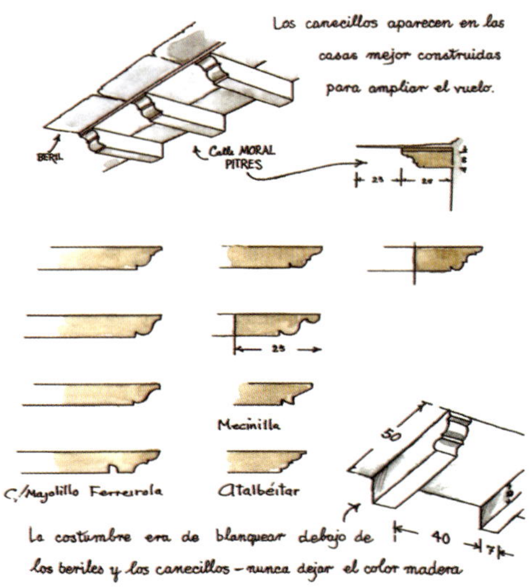

After these projects came the redesign of a square at Mecina-Fondales, giving its south side a new façade with a monumental entrance opposite the church built by the post-war Reconstruction Department in 1953. The combination of the two buildings yields an attractive public space, used for local festivities.

Tras estas obras vendría la recomposición de la Plaza de Mecina-Fondales, dotando de una nueva fachada, con una portada monumental, a su alzado meridional, el situado frente a la iglesia erigida por Regiones Devastadas en 1953. De la combinación de ambas intervenciones resultó un attractivo espacio público utilizado para diversas celebraciones locales.

Chimney located in the living room of the Casa de Chema y Chus in Nigüelas ◄
Chimenea en el salón de la Casa de Chema y Chus en Nigüelas

Pergola of the patio of the Casa de Chema y Chus in Nigüelas ◄
Pérgola del patio de la Casa de Chema y Chus en Nigüelas

Elevation for the design of the Casa de Chema y Chus ►
Alzado para el proyecto de la Casa de Chema y Chus

Outside the Alpujarra, in the village of Nigüelas on the route linking these parts with Granada, he built Casa de Chema y Chus. This is a simple family home, remote from the urban character of the *carmen* house with garden in Granada, but in which equally meticulous care was given to space, light and every feature, notably including a fine pergola partially spanning the house's little courtyard.

Fuera de La Alpujarra, dentro del núcleo urbano de la localidad de Nigüelas, en el camino que conecta esta región con la capital granadina, iba a realizar la Casa de Chema y Chus. Se trata de una sencilla casa familiar, lejos del carácter urbano del carmen granadino, pero donde se cuidaron con idéntico rigor el espacio, la luz y cada uno de sus detalles. Entre ellos destaca la bella pérgola que cubre parcialmente el pequeño patio de la casa.

In 2005 he built a town hall for the municipality of La Taha in the main square of Pitres – a setting that had also been partially rebuilt by the Reconstruction Department after the Civil War. The new building is entered by means of an arcade of markedly vernacular character. At one end of this space open to the square is a small fountain, and at the other a ceramic mural. This was made by the Swedish ceramist Lars Pranger and his daughter Emily, also lovers of Granadan tradition, depicting the municipal geography. Above the arcade a balcony presides over the public space,

En 2005 realizó la nueva Casa Consistorial del Ayuntamiento de La Taha, en Pitres, en la plaza principal de la localidad, un entorno que también había sido parcialmente reconstruido por Regiones Devastadas tras la Guerra Civil. Se accede al nuevo edificio a través de una arquería de marcado carácter vernáculo. En los extremos de este espacio abierto a la plaza, una pequeña fuente y, en el frente opuesto, un mural cerámico. Este último, realizado por el ceramista sueco Lars Pranger y su hija Emily, otros enamorados de las tradiciones granadinas, representa el territorio comprendido en este

of a type to be found all over the country. In its compositional simplicity, not seeking to compete in scale, monumentality or language with the nearby church, the building includes all the features required to make a distinctly identifiable town hall.

municipio. Sobre la arquería, un balcón preside el espacio público, según un tipo muy extendido por todo el país. El edificio, en su sencillez compositiva, que no pretende rivalizar en escala, monumentalidad o lenguaje con la iglesia cercana, recoge todos los elementos que permiten identificar con claridad su función dentro del municipio.

◀ Town Hall of the Municipality of La Taha in Pitres
Casa Consistorial del Ayuntamiento de La Taha en Pitres

▶ Colonnade of the Town Hall in Pitres
Soportales de la Casa Consistorial de Pitres

Meanwhile, for nearly a decade from 1997 to 2006, Donald Gray spent much of his time, now assisted by his younger son, Víctor Gray, working on a project design for a large hotel in Tenerife commissioned by the Norwegian businessman Petter Olsen: Villa Erques. It was to be a village hotel, for which he designed both a townscape with gardens, streets and plazas, and buildings, meticulously planned in the traditional character of Tenerife. This, with the help of his colleague Francisco Aguilar, involved a thorough study of building, architectural and urban designs on the island. Once again, groupings

Mientras tanto, y durante casi una década, desde 1997 hasta 2006, Donald Gray dedicó gran parte de su tiempo, ya con la ayuda de su hijo menor, Víctor Gray, a trabajar en el diseño de un proyecto para un gran hotel en Tenerife por encargo del empresario noruego Petter Olsen: Villa Erques. Se trataba de un hotel en forma de pueblo, donde diseñó tanto el paisaje urbano, con sus jardines, calles y plazas, como sus edificios, fueron cuidadosamente diseñados con el carácter propio de la tradición tinerfeña. Para ello, con la ayuda de su colaborador Francisco Aguilar, realizó un estudio exhaustivo

◄ ► Design drawings for the Hotel Villa Erques, in Tenerife
Dibujos para el proyecto del Hotel Villa Erques, en Tenerife

of buildings, façades, wooden balconies, eaves, etc. were measured in great detail. The details gathered, down to the smallest moulding of a baluster, served as the basis of a design developed around a large plaza including even a chapel. Unfortunately Olsen's advisors made him give up the ambitious project and it never materialised.

de los patrones constructivos, arquitectónicos y urbanos de la isla. Una vez más, fueron medidos con todo detalle agrupaciones de edificios, fachadas, balconadas de madera, aleros, etc. Estas tomas de datos, que recogen hasta la más pequeña moldura de un balaustre, servirían de base a un diseño que se desarrollaba en torno a una amplia plaza y que incluía incluso una capilla. Desgraciadamente, los asesores del propio Olsen le hicieron desistir de tan ambiciosa operación y ésta no llegó nunca a materializarse.

◄ View of the Calle Trópico, located within the ensemble of Villa Erques, Tenerife
Vista del proyecto para la Calle Trópico en el conjunto de Villa Erques, Tenerife

► Design for the gardens of Villa Erques, in Tenerife
Diseño para los jardines de Villa Erques, en Tenerife

TREATMENT AND FEELING FOR "RAIN FOREST" AREA.

Studies on traditional architecture from Tenerife carried out by Donald Gray for the design of Villa Erques

Estudios de la arquitectura tinerfeña realizados por Donald Gray para el diseño de Villa Erques

All of the projects mentioned and detailed here were always carried out with local craftspeople – those who know their trade, learned from generation to generation, and live in the area where they work and so are familiar with its idiosyncrasies, whether in Granada, on the coast or in the Alpujarra. Donald Gray worked alongside these trades. He drew each detail, staked it out *in situ* and carefully considered the siting of paving and plantings, naturally including the musicality of water in fountains.

Todas las obras que se han citado, y que se describen con detalle en este libro han sido realizadas siempre con artesanos locales. Ellos son conocedores de su oficio, aprendido de generación en generación; viven en las zonas donde trabajan, y por ello están familiarizados con los rasgos peculiares de esa zona, bien sea de Granada, de la costa, o de las Alpujarras. Donald Gray trabajaba codo con codo con sus gremios. Dibujaba cada detalle, lo replanteaba *in situ*, y evaluaba cuidadosamente la colocación de los pavimentos, de la vegetación, y por supuesto la inclusión de la musicalidad del agua con las fuentes.

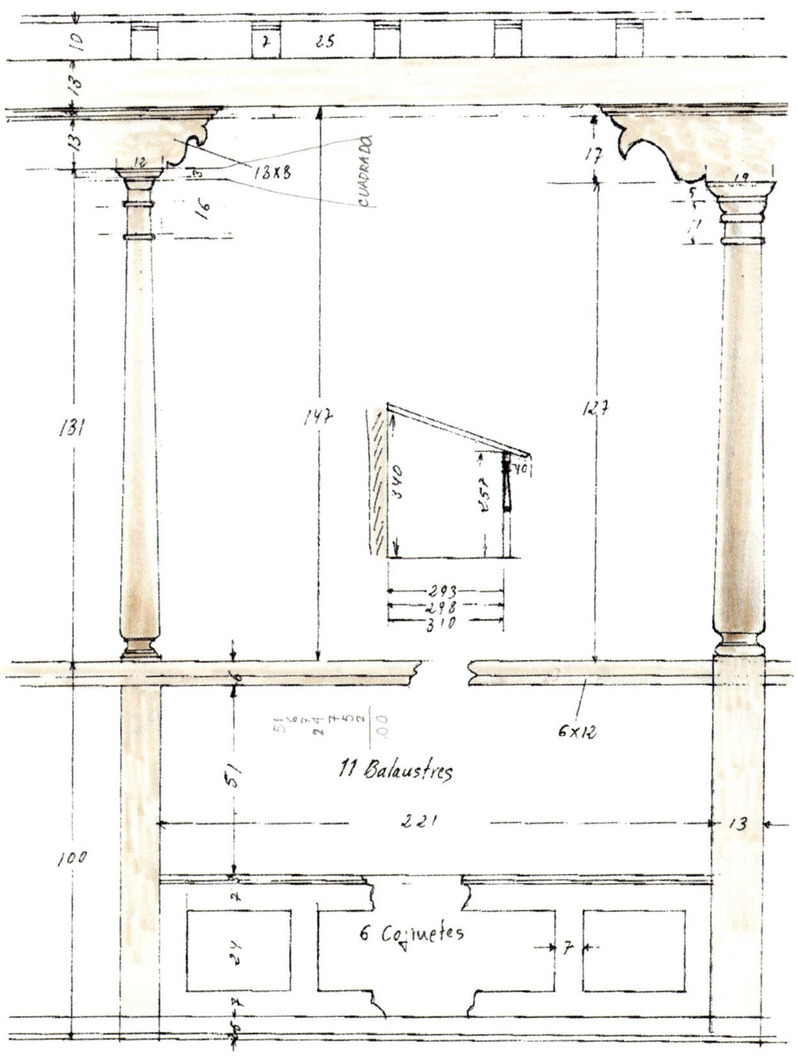

His last work, which he left unfinished, was Casa Hersh in Ferreirola. Despite the industrialised solutions and the heavy restrictions on traditional construction materials and features now imposed by Spanish building standards, Gray's efforts ensured, as in all his projects, that this house was designed, set out and built in as much harmony as possible with the Ferreirola townscape. The construction process was interesting in that one of the requirements was that the ensemble be designed so that water from the old pool at the top of the plot would trickle down by gravity to water the gardens, so one early step was to arrange the volumes to be built and the surrounding gardens accordingly. Thus, as building began, there were already detailed drawings of the exact location of each of the trees and these were planted at the start of the works. The idea was as in previous projects:

Su última obra, que dejó inacabada, fue la Casa Hersh en Ferreirola. Pese a la imposición de soluciones industrializadas y a las fuertes restricciones a los materiales y elementos constructivos tradicionales que suponía ya el Código Técnico de la Edificación vigente en España, el empeño de Gray logró que, como en todos sus proyectos, esta casa se concibiera, implantara y edificara de forma tan acorde con el paisaje urbano de Ferreirola como fue posible. El proceso de construcción es de gran interés, pues una de las premisas fue diseñar el conjunto de forma que el agua de la antigua alberca situada en la parte más alta del terreno fuera repartiéndose por gravedad para regar los jardines, y uno de los primeros pasos del proyecto fue disponer los volúmenes a edificar y componer los jardines circundantes conforme a ello. De esta forma, mientras arrancaba la construcción, se habían preparado ya planos detallados con la

◄ ► Garden-level floor plan, elevations and perspective view of thedesign for the Casa Hersh in Ferreirola
Planta del jardín, alzados y vista axonométrica del proyecto de la Casa Hersh, en Ferreirola

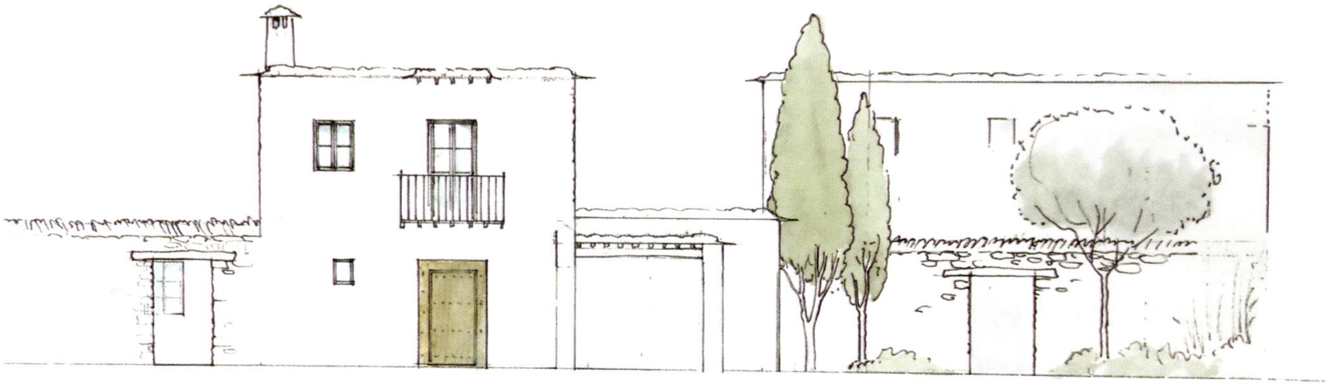

that by the time the work was complete, the greenery should have grown as much as possible so that the future inhabitants might enjoy it at once.

ubicación de cada uno de los árboles y éstos fueron plantados al comienzo de las obras. El objetivo era el mismo que en sus proyectos anteriores: que al finalizar los trabajos la vegetación estuviera desarrollada tan pronto como fuera posible, de forma que sus futuros habitantes pudieran sin dilación disfrutar de ella.

Both greenery and water were always much present in Gray's work, true to the tradition of al-Andalus and the legacy of more recent times. The Alpujarra shows starkly how without water there is no civilisation. Life in the region depends on the maintenance of its intricate network of irrigation ditches and terraces. The role of these elements

Tanto la vegetación como el agua estuvieron siempre muy presentes en su obra, fiel a la tradición andalusí, y a la herencia de los últimos siglos. La Alpujarra muestra en toda su crudeza cómo sin agua no hay civilización. Del mantenimiento de su enmarañada red de acequias y bancales depende la vida en la región. El papel de estos elementos

in the Alhambra were to Gray a revelation. Its courtyards, fountains and pools struck him just as they had other architect visitors to the Nasrid palace.

There is a lovely reference to a visit to the Alhambra in the speech given by the Mexican architect Luis Barragán (1902-88) on accepting the Pritzker Prize in 1980. Referring to his project for Pedregal de San Angel in Mexico (1945-52) and to the beauty of gardens, he speaks of his discovery – "Oh enchanting surprise!", he says – of the secluded valleys in those parts, and recalling the Alhambra he says:

> The unexpected discovery of those valleys gave me a feeling not unlike that I had when, walking through a narrow dark tunnel in La Alhambra, I came across that ancient palace's serene, quiet and solitary Myrtle Courtyard. I somehow had the feeling that

en la Alhambra fue para Donald una revelación. Sus patios, sus fuentes y estanques, le impactaron tanto como lo habían hecho antes a otros muchos arquitectos visitantes al palacio nazarí.

Es muy hermosa la referencia que el arquitecto mexicano Luis Barragán (1902-1988) hizo de su visita a la Alhambra, en el discurso de aceptación del Premio Pritzker en 1980. Cuando habla de su proyecto del Pedregal de San Angel en México (1945-1952), y de la belleza del jardín, hace alusión a sus descubrimientos "¡Oh sorpresa encantadora!" de los valles en ese paraje, y recordando su relación con la Alhambra afirma:

> Tan inesperado hallazgo de esos valles me produjo una sensación similar a la que tuve cuando, caminando por un estrecho y oscuro túnel de la Alhambra, se me entregó, sereno, callado y solitario, el Patio de los Mirtos de ese antiguo palacio. De alguna manera

◄ Designs for the gardens of a home in Abu Dhabi, project carried out together with Carlos Sánchez and Rafael Manzano
Diseños para los jardines de una residencia en Abu Dhabi, proyecto realizado junto a Carlos Sánchez y a Rafael Manzano

► Garden designed for the ensemble Villa Erques, in Tenerife
Jardín proyectado para el conjunto de Villa Erques, en Tenerife

it encompassed all that a well-made garden should: no less than the entire universe. That memorable epiphany has always remained with me.

The Myrtle Courtyard or the Court of the Lions are truly sublime examples of the use of water in courtyards, and the same can be said of every way in which water is used and present throughout the Generalife. The Court of the Lions represents four rivers, or may be seen as two rivers forming a cross. It symbolises the Garden of Eden, i.e. paradise in the Persian tradition. For according to the Quran, paradise is where water wells up and fruit trees and luxuriant vegetation will accompany the enjoyments of believers rewarded by Allah[5]. We may compare this arrangement with the modest garden area designed for Casa Hersh, the small formal garden created for Hotel Villa Erques or the more spectacular one projected with Carlos Sánchez and Rafael Manzano for a client in Abu Dhabi but not finally realised.

In every one, each plant species is carefully selected for a particular spot. This is so in all of Donald Gray's work, as he always gave gardens a vital role in his compositions and designed gardens as or even more carefully than buildings. This is why Gray's designs can be appreciated in their full beauty only after a few years, once the projected vegetation has grown up enough to figure against its backdrop of architectural simplicity. Moreover, as the years go by, traditional materials seem not to deteriorate but to have their qualities enhanced by the patina of time. So Gray's work progressively merges with nature, acquiring a look that is timeless, ahistorical and "eternal", as Miguel de Unamuno defines the term, like all good vernacular architecture.

tuve el sentimiento de que contenía lo que debe tener un jardín bien logrado: nada menos que el universo entero. Jamás me ha abandonado tan memorable epifanía.

Realmente el Patio de los Mirtos o de los Arrayanes, o el Patio de los Leones, constituyen ejemplos sublimes de la inclusión del agua en el interior de un patio; y lo mismo puede decirse de todo el despliegue del uso y la presencia del agua en el amplio recinto del Generalife. El Patio de los Leones presenta los cuatro ríos, o si se prefiere los dos ríos que se cruzan formando una cruz. Es la representación del Jardín del Edén, es decir, del Paraíso en la tradición persa. Según el Corán, el agua brota del Paraíso, donde, además, los árboles frutales y la espléndida vegetación acompañarán el disfrute de los creyentes premiados por Alá[5]. Compárese este esquema con el modesto recinto ajardinado diseñado para la Casa Hersh, el pequeño jardín formal concebido para el Hotel Villa Erques o el más espectacular que proyectó para un conjunto diseñado junto a Carlos Sánchez y Rafael Manzano para un cliente de Abu Dhabi y que no llegaría a ejecutarse.

En todos ellos cada especie vegetal está cuidadosamente seleccionada para una ubicación concreta. Esto ocurre en general en toda la obra de Donald Gray, quien siempre asignaba al jardín un papel fundamental dentro de la composición y dedicaba a su diseño tanta o más atención que a la propia edificación. Por ello, los proyectos de Gray sólo pueden apreciarse en toda su belleza pasados unos años, cuando la vegetación proyectada ha adquirido el porte suficiente como para convertirse en figura sobre el fondo de la sencilla arquitectura. Además, los materiales tradicionales, con el paso de los años, no sólo no parecen deteriorarse, sino que la pátina del tiempo realza sus cualidades. Se funde así su obra progresivamente en la naturaleza, adquiriendo un aire intemporal, ahistórico, "eterno" en el sentido unamuniano del término, como toda la buena arquitectura vernácula.

LANDSCAPE, ARCHITECTURE AND BUILDING ARTS

PAISAJE, ARQUITECTURA Y ARTES DE LA CONSTRUCCIÓN

Donald Gray remained in the Alpujarra until the end of his days. He had found his natural habitat, as remote as could be from the conventions and constraints of our time. There he was able to live in the company of artisans and their traditional crafts in villages both picturesque and beautiful, set in a splendorous landscape where natural cycles continue to set the pace of life.

Donald Gray permaneció hasta el final de sus días en La Alpujarra. Había encontrado su medio natural, tan lejos como era posible de las convenciones y limitaciones de nuestro tiempo. Allí podía vivir aún acompañado de artesanos, de sus oficios tradicionales, en unos pueblos tan pintorescos como hermosos, colgados de un paisaje de excepcional grandeza, donde los ciclos naturales siguen marcando el ritmo de la vida.

View of Ferreirola
Vista de Ferreirola

Gray saw the two fields – the building arts and trades on one hand, and the construction of traditional architecture and hence of traditional towns on the other – as sides of the same coin. They form a single endeavour. For Gray, a weakness in one directly undermined the other and so both must be cultivated, as neither may exist alone. They are inextricable parts of the immemorial culture of living in a place and hence in its landscape, and without them there can be no balance. For landscape and culture were as inseparable for Donald Gray as for Gerald Brenan or Julio Caro Baroja. Evidently it is traditional arts, crafts and trades which over the generations have shaped the rich architectural, urban and landscape heritage that forms the identity of towns and regions around the world. Without the care and attention owed to all these trades (as diverse as they are necessary), that heritage cannot be preserved. They are trades and crafts rooted in each place, from which they draw the necessary resources of which they also take care so that these may be durable, i.e. sustainable.

Donald Gray entendió que las dos actividades: las artes y oficios de la construcción por un lado, y la construcción de la arquitectura tradicional y por ende de la ciudad tradicional, por otro, son las dos caras de la misma moneda. Ambas forman parte del mismo empeño. Para Gray, la debilidad de una afectaba de modo directo a la otra. De ahí la pertinencia de potenciar ambas: no pueden existir estas actividades separadas. Ambas son parte inextricable de la cultura inmemorial del habitar un lugar, y, por tanto, de su paisaje. No hay equilibrio posible sin ellas. Paisaje y cultura eran tan inseparables para Donald Gray como lo fueron para Gerald Brenan o Julio Caro Baroja. Es evidente que son los oficios, las artes y las tecnologías tradicionales, las que han construido, a lo largo de generaciones, el rico patrimonio arquitectónico, urbano y paisajístico que conforma la identidad de los pueblos y regiones del mundo. Sin el cuidado y la atención debida a estos oficios, tan variados como necesarios todos, es imposible poder preservar ese patrimonio. Son oficios y

Hermosa Puerta en Busquístar

Puerta de alto nivel en Busquístar

To the masters engaged in the various building arts and trades we owe the beauty and harmony of our best-looking towns and most scenic landscapes. To them we owe no less than the hallmarks of each place and the definition of profound cultural traits.

And it is worth recalling, given their ties with local materials and climate, that they have progressively produced an architecture combining the strictest rationality – a distillation of centuries of empiricism – with harmonious works of craftsmanship for the onlooker's pleasure. Nothing is gratuitous in the vernacular architecture of any place, not even the poetic flourishes that here and there show through its sober austerity. Building and its materials precisely reflect the nature of a place as regards both its climate and the resources available, yet also bear the mark of the builders' will to go beyond mere practicality with a passion for work well done – so well done that it may be enjoyed for generations.

tecnologías enraizados a cada lugar, del que extraen los recursos necesarios y los cuidan para hacerlos duraderos, es decir, sostenibles.

A los maestros involucrados en las diversas artes y oficios de la construcción deben su belleza y armonía nuestras más hermosas poblaciones y nuestros más pintorescos paisajes. A ellos se deben ni más ni menos que las señas de identidad de cada lugar y la definición de profundos rasgos culturales.

Además, se ha de tener presente que, por su vínculo con los materiales del entorno y con las condiciones climáticas, han conformado una arquitectura que combina la más estricta racionalidad, fruto de la decantación a lo largo de siglos de empirismo, con equilibrados ejercicios de maestría artesanal para el deleite de quienes la disfrutan. Nada es gratuito en la arquitectura vernácula de cada lugar, ni siquiera los más poéticos arrebatos que puntualmente trascienden aquí y allá su sobria austeridad. La construcción y sus materiales

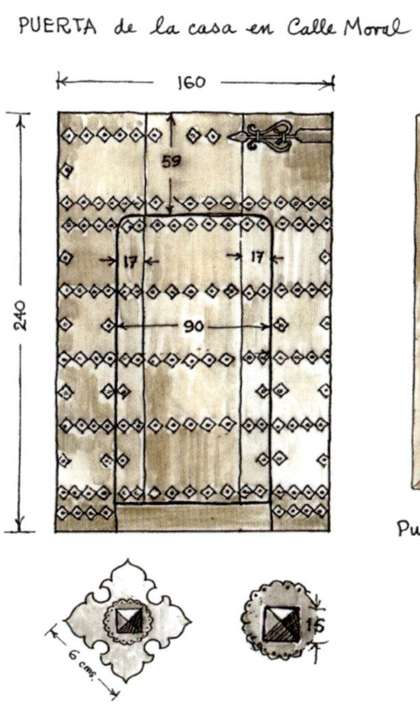

◄ ► Studies on traditional doors in La Alpujarra
Estudios de puertas tradicionales de La Alpujarra

And with its careful use of resources and scrupulous attention to the environment – to its shapes, aquifers, woodlands, flora and fauna, meadows, rivers and the whole macrocosm allowing a habitat to endure over centuries – vernacular architecture fully partakes in a wholly sustainable approach.

responden con precisión a las condiciones de cada lugar, tanto las climáticas como las relacionadas con la disponibilidad de los materiales, y al mismo tiempo queda registrada en ellos la voluntad de sus hacedores por trascender la mera practicidad a través de la pasión por el trabajo bien hecho, tan bien hecho que pueda ser disfrutado durante generaciones.

Por el cuidado prestado a la explotación de los diversos recursos, así como una atención exquisita al medio, a la estructura de ese medio, a los acuíferos, los bosques, la flora y la fauna, las dehesas, los ríos y todo el universo que permite la pervivencia en un medio a lo largo de los siglos; la arquitectura vernácula participa plenamente de una actitud de estricta sostenibilidad.

Gray was aware of how the inhabitants of a place follow rules common to all, a *modus operandi* that concerns and benefits everyone. This is how practices have been consolidated from generation to generation with the assurance that some outcomes are foreseeable with a high degree of certainty, making it easier to work avoiding mistakes.

Donald Gray era consciente de cómo los ciudadanos del lugar se muestran respetuosos con unas reglas de juego comunes para todos, un *modus operandi* que a todos concierne y a todos interesa. Así es como se han ido consolidando las maneras de hacer de padres a hijos, de generación en generación, a sabiendas de unos resultados que eran de esperar, con un margen muy alto de certidumbre, siendo así sencillo evitar el error.

◄ Fátima Quesada, master ceramist who collaborated with Donald Gray on several projects
Fátima Quesada, maestra ceramista que colaboró con Donald Gray en numerosos proyectos

► Catalogue of the geometrical forms which shape the ceramics mosaics by Fátima Quesada
Catálogo de las formas geométricas que componen los mosaicos cerámicos de Fátima Quesada

The masters of these arts and trades accumulate an ageless expertise that they adapt to the times, firmly yet cautiously. Superfluous experiments are absent in this world, so alert to a sustainability which there was never any need to worry about or discuss, as its relevance and primacy were neither doubted nor questioned. This age-old know-how deserves recognition for having created and conserved our villages, towns, landscapes and spatial configurations. Its lessons always interested Donald Gray, whereas he steered clear of academic debate, seeing it as futile and even potentially detrimental to the culture he admired.

Los maestros de estas artes y oficios acumulan en su experiencia un saber centenario que han ido adaptando a los tiempos, con paso firme pero cauteloso. Los experimentos gratuitos están ausentes en ese mundo, tan atento a una sostenibilidad sobre la que no era necesario preocuparse o debatir, pues su pertinencia y primacía no eran ni tan siquiera cuestionables ni cuestionadas. Esta sabiduría centenaria es la acreedora del reconocimiento por haber creado y cuidado los pueblos y las ciudades, el paisaje y la ordenación del territorio. Sus lecciones son las que interesaron siempre a Donald Gray, quien siempre huyó de cualquier debate académico, considerándolos vanos e incluso potencialmente nocivos para la cultura que admiraba.

◄ ► Studies on the traditional parapets and railings of La Alpujarra
Estudios de antepechos y barandillas tradicionales de La Alpujarra

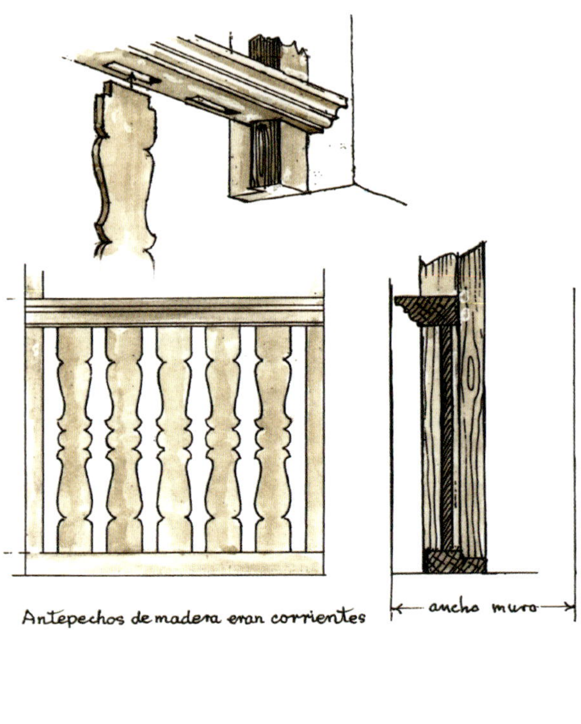

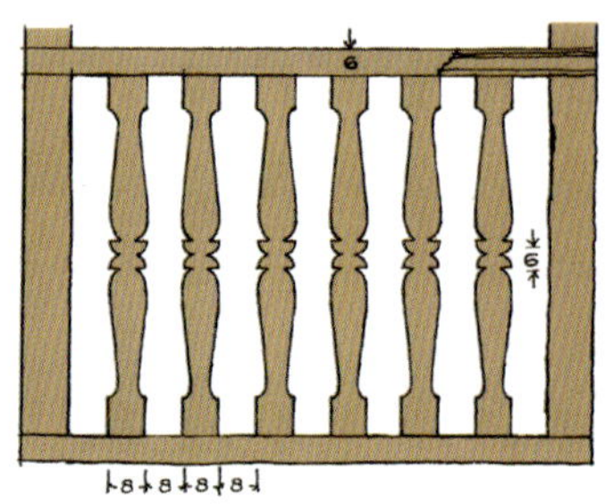

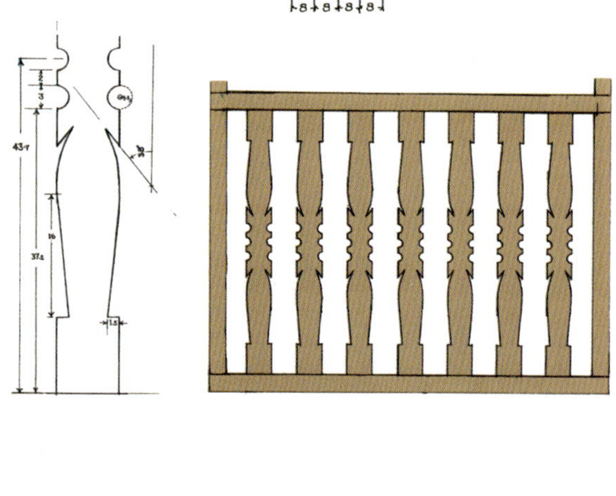

This know-how has over the years and centuries been honed and refined in crafts, always serenely and steadily, avoiding the undue risk of resorting to what is not tried and tested. This is not incompatible with continuously adapting to the environment in the widest sense, i.e. including any changes in ways of life. Thus traditional architecture, and so also traditional towns, can cater for a wholly contemporary way of life, as evidenced today by our prized and popular historic city centres. Indeed, when traditional and historic towns are well conserved, they tend to become focuses of social life and community gatherings. And so if they are functional and we enjoy them, why not continue to create ensembles with these

Se trata de una sabiduría que, a lo largo de los años, de los siglos, ha ido depurando y afinando las tecnologías, siempre de un modo sosegado y seguro, evitando riesgos innecesarios por recurrir a aquello que no se haya experimentado *in extenso.* Esto no es incompatible con una continua adaptación al medio, entendido en sus más amplios términos, es decir, incluyendo los cambios en los modos de vivir que hayan podido producirse. De tal modo que la arquitectura tradicional, y por supuesto la ciudad tradicional, puede acoger un modo de vida absolutamente contemporáneo, como lo prueban hoy en día nuestros preciados y demandados centros históricos. De hecho, cuando las ciudades tradicionales e históricas están en buen estado de

ejemplo excelente de barandilla de madera en Fondales

Está "azoteilla" del tipo triangular en una esquina. Un rincón de los más genuinos

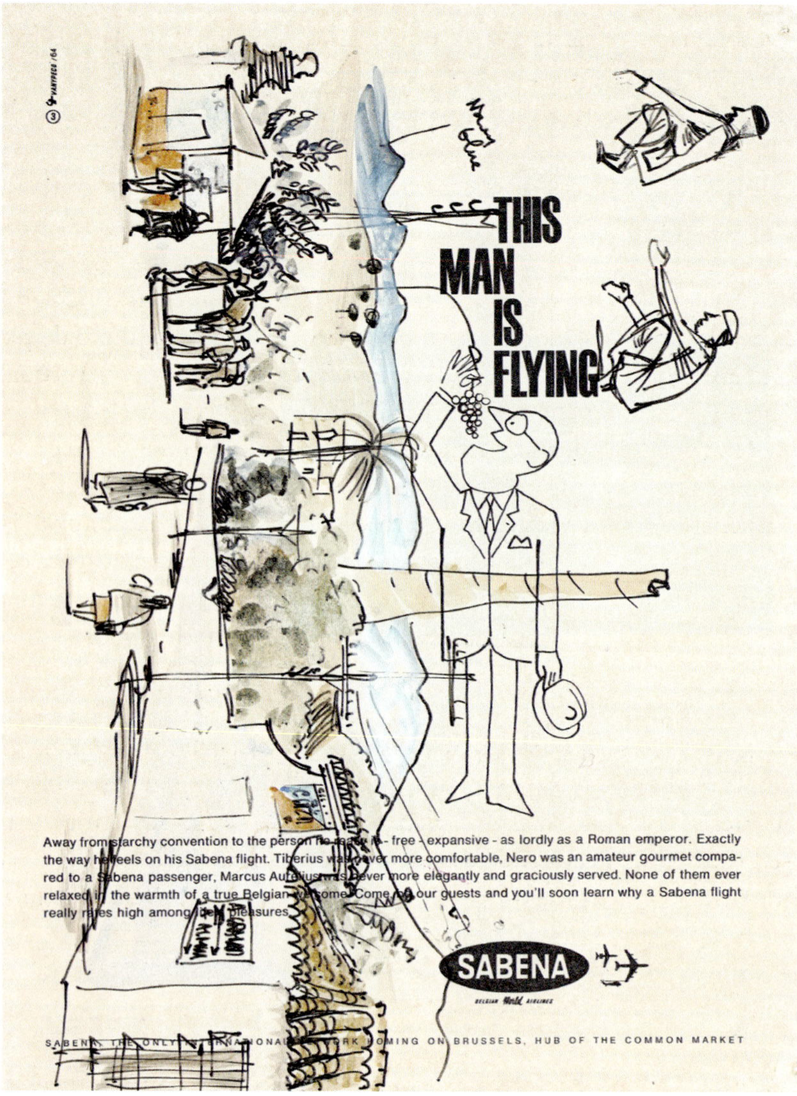

Drawings on top of a cut-out from a magazine
Dibujos sobre recorte de una revista

same qualities? This was Donald Gray's option in life and what he resoundingly achieved – and as we shall see, why his skill, remote from passing trends and fashions, was scarcely known or recognised until near the end of his career, as the world began to sense the need for new paradigms.

conservación, suelen constituirse en los centros más intensos de vida social y de encuentros de la comunidad. Si funcionan, si disfrutamos de ellos, ¿por qué no continuar creando conjuntos que compartan sus mismas cualidades? Ésta fue la apuesta vital de Donald Gray, el gran éxito de su labor y, como se tratará más adelante, la causa de que su maestría, ajena a los vaivenes de modas y corrientes, apenas fuera conocida y reconocida hasta prácticamente los últimos años de su carrera, cuando el mundo ha comenzado a intuir la necesidad de nuevos paradigmas.

THE MYTH OF PROGRESS

EL MITO DEL PROGRESO

For several decades, and in particular as of the rush for development after World War II, we have seen that collective *modus operandi* being steadily abandoned. The aesthetic attrition and environmental deterioration in so many towns and other settings in every region of Spain (and across Europe) has been and continues to be great indeed. And a consequence of this abandonment is the gradual disappearance of the building arts and basic know-how about how to take advantage of the local conditions and resources in a way that is truly sustainable over time.

Science now warns us with data of what until quite recently could only be sensed: we have driven our planet to an unprecedented state that is critical and perhaps irreversible. Donald Gray sensed this throughout his career and worked with admirable conviction and dedication to revert the decline, never giving in as circumstances became more adverse.

This progressive decline is for various reasons.

The first and chief of these is what one of the foremost scholars of mythology and religion, the Romanian Mircea Eliade (1907-86), identified as the main myth of our time: the myth of progress – the belief that what is latest, new, changed or transformed takes us necessarily to a better future. At the same time, what ties us to our roots, our past and our history is a hindrance, a threat to a development seen until not long ago as infinite and infallible. As progress is romanticised, so is technology, and above all the image of technology, with its air of novelty and modernity. Without this belief we could not have got to where we now are. For believers, any new building material, technical solution or design seems to surpass all

Desde hace varias décadas, en particular a partir del desarrollismo que sigue al final de la Segunda Guerra Mundial, asistimos a un paulatino abandono de ese *modus operandi* colectivo ya referido. La erosión visual y el deterioro medioambiental sufridos en tantos pueblos y parajes de todas las regiones de España, y también de Europa, ha sido y sigue siendo muy importante. Consecuencia de ese abandono es la paulatina desaparición de las artes de la construcción y de los más básicos saberes sobre cómo aprovechar las condiciones y recursos de un territorio de forma verdaderamente sostenible a largo plazo.

La ciencia nos alerta ya con datos de algo que hasta hace poco sólo podía intuirse: hemos conducido a nuestro planeta a una situación crítica sin precedentes, tal vez incluso irreversible. Donald Gray tuvo esa intuición durante toda su carrera y trabajó con admirable convicción y dedicación por revertir ese proceso, sin doblegarse nunca ante el agravamiento de las circunstancias.

Son variadas las razones que explican esa degradación progresiva.

La primera y principal es lo que uno de los más relevantes estudiosos de la mitología y las religiones, el rumano Mircea Eliade (1907-1986), identificó como el principal mito de nuestro tiempo: el mito del progreso, la fe en que lo último, lo nuevo, los cambios, las transformaciones nos conducen ineludiblemente hacia un futuro mejor. Al mismo tiempo, todo aquello que nos conecta con nuestras raíces, con nuestro pasado, con nuestra historia, supone una rémora, una amenaza para un desarrollo que se suponía hasta hace poco infinito e infalible. Con la mitificación del progreso llega la de la tecnología y, sobre todo, la de la imagen de tecnología, de la apariencia de novedad y de modernidad. Sin esta fe

that went before, even where its inferior quality, functionality and attractiveness are plain to see.

One consequence of this myth, which especially concerns those engaged in architecture and construction, is an ignorance of – or even a disinterest or disregard for – traditional crafts and trades and vernacular architecture generally which even today broadly applies in schools of architecture, urban design or engineering. This disregard goes with the apparent aim of erasing memory and precedent. Though unachievable, it is pursued determinedly. This means going so far as to forbid students from imitating anything seen as not new enough. Only invention or supposed

no habría sido posible alcanzar la situación actual. Cualquier nuevo material de construcción, solución técnica o diseño parece superar para los adeptos de estas creencias a todo precedente, incluso en los casos en los que su inferior calidad, funcionalidad y belleza resulta palmaria.

Una de las consecuencias de este mito, que incumbe especialmente a quienes se dedican a la arquitectura y la construcción, es la ignorancia, cuando no el desinterés e incluso el desprecio, por las artes y los oficios tradicionales y por la arquitectura vernácula en general, que caracteriza aún hoy a buena parte de las escuelas de arquitectura, de diseño urbano, o de ingeniería. Un desprecio que corre parejo con

invention is valued. Or exceptionally, imitation of those held up to students as gurus of true invention, as architectural stars. This is so even though learning any trade must involve imitation, copying what works until the technique is mastered. On this basis we can then reliably distinguish what remains valid from what is improvable. Colin Rowe (1920-99), a brilliant architect, historian and critic, published a fine paper in 1986 on the importance for architecture students of copying and the perverseness of imposing invention for invention's sake.[6] Donald Gray shared this concern and firmly believed in the need for the teaching of his trade to be rethought, putting aside academic speculation and setting out from a study of our

una aparente voluntad por suprimir la memoria, el precedente. Empeño que, a pesar de ser imposible de llevar a la práctica, se persigue con verdadera obstinación. Llega hasta el extremo de prohibir a los estudiantes imitar nada que no se considere suficientemente nuevo. Sólo se valora la invención o supuesta invención. O excepcionalmente imitar a los que son presentados a los alumnos como los gurús de la auténtica invención, como las estrellas de la arquitectura. Esto sucede a pesar de que el aprendizaje de todo oficio se basa en la imitación, en copiar aquello que funciona hasta llegar a dominarlo. Ésa es la base que facilita identificar con fiabilidad qué es lo que sigue siendo válido y qué, por el contrario, es susceptible de

◄ Details of the arches and wrought iron latticework in the Carmen de la Calle San José, Granada
Detalles de las arquerías y una celosía de forja en el Carmen de la Calle San José, Granada

► Dimension drawing for a constructive detail of a wooden table
Detalle constructivo acotado para una mesa de madera

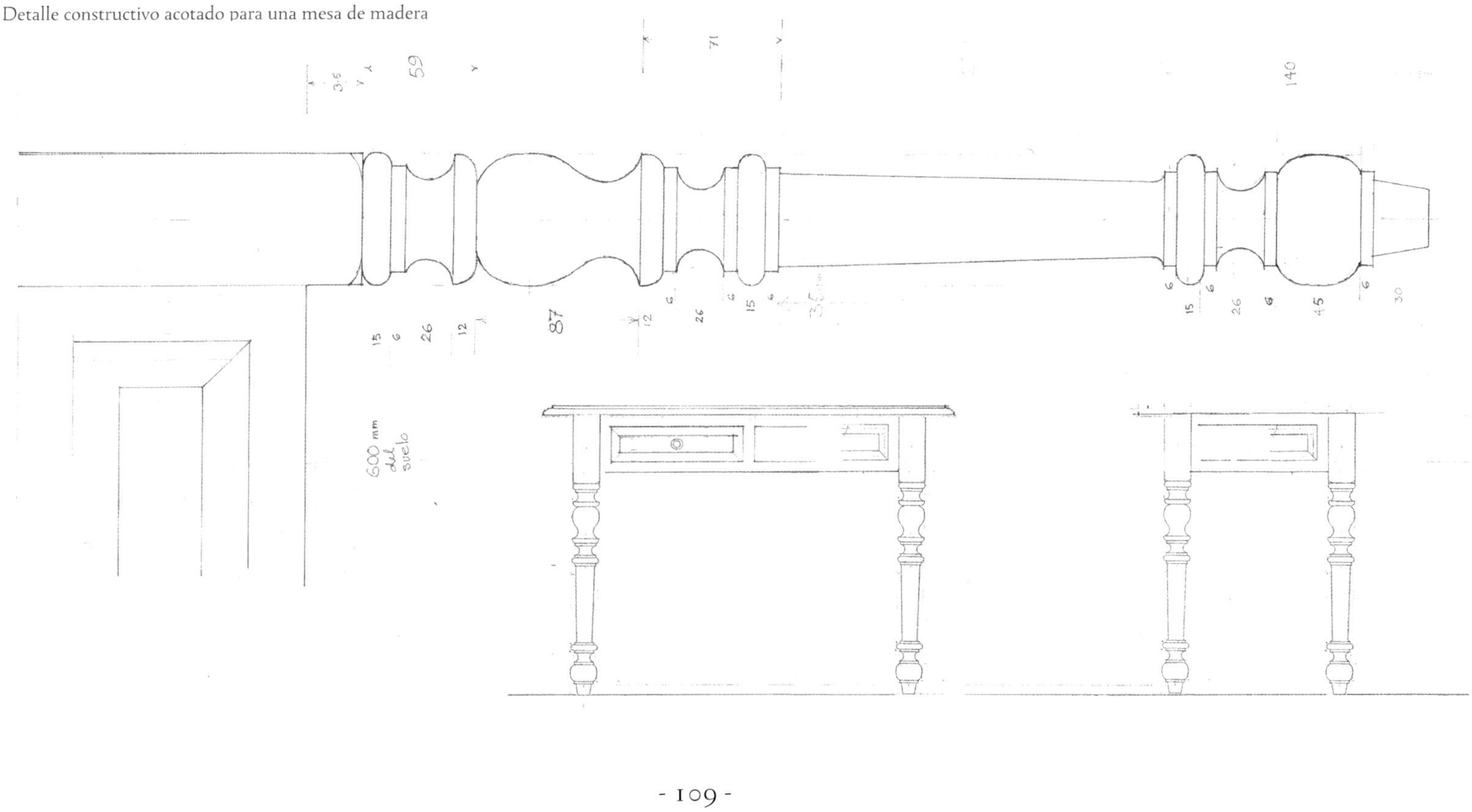

built environment and a learning of the craft from its basics.

ser mejorado. Colin Rowe (1920-1999), brillante arquitecto, historiador y crítico, publicó en 1986 un hermosísimo texto sobre la importancia que para los alumnos de arquitectura tiene la actividad de copiar, y la perversidad de imponer a toda costa la invención por la invención[6]. Donald Gray compartía esta preocupación y creía firmemente en la necesidad de reformar la enseñanza de esta profesión, que para él debía urgentemente alejarse de especulaciones académicas y arrancar desde el estudio de nuestro propio entorno construido y el aprendizaje del oficio desde sus fundamentos.

But the demand for "invention" and the *jamais vu* well suits the mass-media machine, avid for novelties and always having to invent and reinvent heroes, setting up celebrities as trendsetters for their "inventions" and novelty. Instilling in students the idea that only by "inventing" will they become celebrities increasingly suits a society in thrall to the ephemeral and the superficial, as imposed by online media. In the end, with all precedent erased and the byword "anything goes", Andy Warhol's prophecy will come true: "In the future, everyone will be world-famous for 15 minutes".

Pero la demanda de "invenciones" y de lo *jamais vu* se ajusta a la perfección a la máquina de los *mass media,* hambrienta de novedades, que necesita inventar y reinventar nuevos héroes constantemente, y crear sin cesar famosos que por sus "invenciones" y novedades sirvan de referentes. Imbuir en el estudiante la idea de que sólo de ese modo, "inventando", serán famosos, se integra como nunca en una sociedad dominada por la fugacidad y la superficialidad que imponen los medios de comunicación virtuales. Y al final, destruidos los precedentes, y establecido el "todo vale", sucederá lo que sostenía Andy Warhol: "En el futuro, todos serán famosos mundialmente por 15 minutos".

◄ Balcony of the Carmen de la Calle San José, Granada
Balcón del Carmen de la Calle San José, Granada

► Perspective view and elevation of the Calle Candelaria in Tacoronte, Tenerife
Vista y alzado de la calle Candelaria en Tacoronte, Tenerife

A fable might help us understand the perplexing disdain of many teachers on seeing or hearing of anything to do with vernacular or traditional architecture. This is *The Fox and the grapes* by Aesop, which has had various versions over the years, but here is a quatrain by Aphra Behn in the 1687 edition illustrated by Francis Barlow:

> *The fox who longed for grapes, beholds with pain*
> *The tempting clusters were too high to gain:*
>
> *Grieved in his heart he forced a careless smile,*
> *And cried, 'They're sharp and hardly worth my while.*

Una fábula puede ayudar a entender la inexplicable aversión de muchos profesores cuando oyen o ven algo relacionado con la arquitectura vernácula o clásica. La fábula es *El zorro y las uvas,* de Esopo, que ha tenido diversas versiones a lo largo de la historia. Se refiere aquí un cuarteto de Aphra Behn (1640-89) que aparece en la edición de las fábulas ilustrada por Francis Barlow, de 1687:

> *El zorro, que añoraba las uvas, observa con dolor*
> *Los tentadores racimos que estaban muy altos para alcanzarlos;*
>
> *Afligido en su corazón forzó una negligente sonrisa,*
> *Y lloró, "Están ácidas y apenas merecen mi atención"*
> (Traducción de los autores)

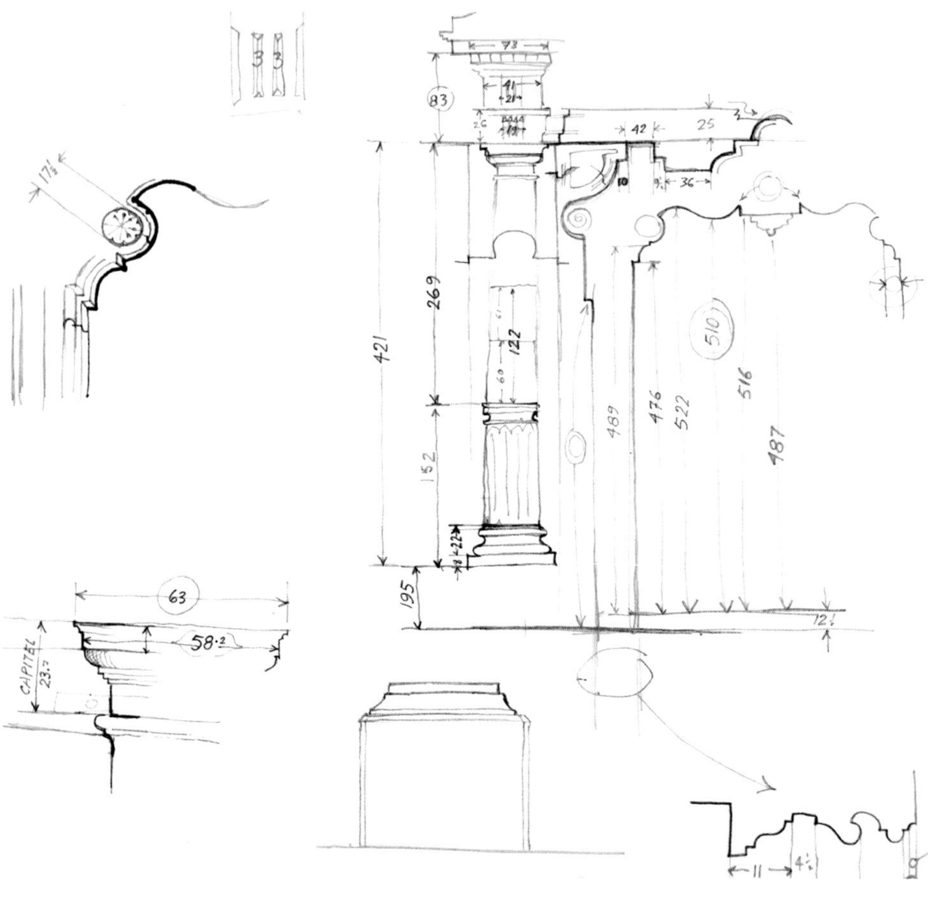

Data collection of constructive details ◄
Toma de datos de detalles constructivos

Detail of the zapata and wooden post in the Carmen de la Calle San José, Granada ►
Detalle de zapata y pie derecho en el Carmen de la Calle San José, Granada

This disdain undoubtedly has to do with a downright ignorance of vernacular architecture (along with its materials, techniques, features, etc.) and of traditional language and urban design and architectural history, as well as the difficulty of studying them or passing them on where a real knowledge of local culture is lacking. For many practitioners of urbanism, architecture and design, the history of architecture and cities seems to begin with Le Corbusier. Like the fox in the fable, they spurn the grapes, unable to reach them.

In the past few decades, architectural objects have been idolised, regardless of place. The more discordant, arresting and bizarre, the better. Costly artefacts such as never before seen have been erected the world over – "wow" architecture seeking public and specialist media attention. Peer

Sin lugar a dudas, la radical ignorancia de la arquitectura vernácula (y de sus materiales, tecnologías, detalles constructivos, etc.) y del lenguaje clásico, del urbanismo tradicional y de la historia de la arquitectura, así como la dificultad que supone tanto estudiarlas como transmitirlas cuando se carece de un verdadero conocimiento de la cultura del lugar, están estrechamente relacionadas con esa animadversión. Para muchos profesionales del urbanismo, la arquitectura y el diseño, la historia de la arquitectura y la ciudad parece empezar con Le Corbusier. Al igual que el zorro de la fábula, odian las uvas, ya que son incapaces de alcanzarlas.

En las últimas décadas, ha existido una verdadera idolatría del objeto arquitectónico, sin tener en cuenta el lugar. Cuanto más disonante, chocante y extraño era el objeto, mejor. Se han levantado por

acclaim has often seemed to matter more than the fate of future residents and users.

Naturally there are exceptions. Here and there isolated cases emerge, like Donald Gray. Sound professionals who know how to look at the places they work in, able to master the architectural idiom cultivated out of each physical environment and each way of living in it. Architects who know the history of architecture and value it to the full. All the more reason, then, to study and publicise such work showing a way to rise to the great challenges of our time.

todo el planeta artefactos, caros y nunca vistos antes, una "¡¡¡arquitectura uauu!!!", que buscaba llamar la atención del público y de los medios especializados. La aclamación de los colegas de profesión parecía más relevante para muchos que el destino de los futuros habitantes y usuarios de sus obras.

Por supuesto existen excepciones notables que infunden la esperanza de llegar a conocer un futuro mejor. Surgen aquí y allá casos aislados como el de Donald Gray. Buenos profesionales que saben mirar hacia los lugares en los que trabajan, que son capaces de dominar los lenguajes arquitectónicos que se han desarrollado a partir de cada medio físico concreto y de cada cultura específica del cómo habitarlo. Arquitectos conocedores de la historia de la arquitectura, que valoran en toda su amplitud. Esto hace aún más relevante el estudio y la divulgación de este tipo de trabajos, que nos muestran el camino para dar respuesta a los principales retos de nuestro tiempo.

View of Almuñécar from the Casa Morgan, with the historic city standing out from the background of a landscape invaded by touristic urban developments
Vista de Almuñécar desde la Casa Morgan, con el paisaje sobre el que destacaba la ciudad histórica invadido por desarrollos urbanos turísticos

DISENCHANTMENT WITH CONTEMPORARY APPROACHES

This indifference to the study of the building arts and trades, allied to a disregard for traditional architecture and urbanism, contrasts oddly with an upsurge in the exploration of new ways of understanding cities.

Never before the last century had there been so many and varied visions of how the city is to be apprehended, fashioned and improved, of what models suit today's society, of what urban design should involve, etc. So many questions and so many approaches and attempts to carry them out may reflect a distinct perception that cities and the way we reshape our environment have gone adrift, without course or bearing. Or also a continuing disenchantment with the products of many such approaches.

These are of numerous kinds. Approaches such as getting away to the country, to the purifying nature extolled by Jean-Jacques Rousseau (1712-78) in wholly residential garden settlements like the Garden City of Ebenezer Howard (1850-1928). Or such as those of the Russian urban planners who, taking up the "linear city" concept of Arturo Soria (1844-1920), proposed interminable ribbon towns stretching across the landscape. Theorists such as Le Corbusier (1887-1965) or Frank Lloyd Wright (1867-1959), to cite two prominent figures, proposed radically new models unconnected to all precedent. The former, with visions such as *Ville Radieuse*, put into practice by his followers, left a legacy of alienating suburbs. The latter advocated low-density towns, with his "Broadacre City" dissolving into the landscape. Lloyd Wright was in step with the Jeffersonian myth according to which,

EL DESENCANTO POR LAS PROPUESTAS CONTEMPORÁNEAS

La falta de aprecio por el estudio de las artes y de los oficios de la construcción, que está en parangón con el desinterés por la arquitectura y el urbanismo tradicionales, contrasta, curiosamente, con la ingente exploración de nuevas formas de aproximarse al entendimiento de la ciudad.

Nunca antes del siglo pasado habían existido tantas y tan variadas visiones sobre cómo debe entenderse, cómo hacerse, cómo mejorar la ciudad, qué modelos son los adecuados para la sociedad moderna, cómo ha de ser el diseño urbano, etc. Tantas cuestiones, tantas proposiciones e intentos de ponerlas en práctica son, quizás, el testimonio de una clara percepción de que la ciudad y la forma en que transformamos nuestro medio caminan a la deriva, sin rumbo ni orientación. O también la consecuencia de un permanente desencanto ante los resultados de muchas de esas propuestas.

Las hay de todo género. Propuestas como la basada en la huida al campo, a la naturaleza purificante reclamada por Jean-Jacques Rousseau (1712-1778), en ciudades jardín de uso exclusivamente residencial, como la Ciudad Jardín de Ebenezer Howard (1850-1928). O como las de los sub-urbanistas rusos, quienes, retomando la idea de la ciudad lineal de Arturo Soria (1844-1920), proponían largas e interminables bandas lineales que cruzaban el territorio. Autores como Le Corbusier (1887-1965), o Frank Lloyd Wright (1867-1959), por citar dos muy relevantes, promovieron modelos radicalmente nuevos sin relación con los precedentes. El primero, con visiones como la *Ville Radieuse*, que, puestas en práctica por sus seguidores, han dejado como herencia ciudades alienantes. El segundo, partidario

in a republic of free men, each citizen would have a plot of land on which to build his house. The legacy of such notions has been an urban sprawl over vast metropolitan areas impossible to manage sustainably – a model which, beyond its land of origin, took particular root on our coasts, such as in Andalusia. Later came other models whose consequences we experience and suffer today.

de una bajísima densidad, con su *Broadacre City* disuelta en el territorio. Frank Lloyd Wright estaba en sintonía con el mito Jeffersoniano, según el cual, en una república de hombres libres, cada ciudadano debería tener una superficie de suelo sobre el que construir su casa. La herencia de ideas semejantes ha sido el *sprawl* o suburbio de baja densidad, que ha propiciado extensas áreas metropolitanas de insostenible gestión, un modelo que, trascendiendo su lugar de origen, ha arraigado particularmente en nuestras costas, incluidas las andaluzas. Otras propuestas han seguido a éstas, propuestas cuyos resultados vivimos y sufrimos en la actualidad.

Design for a fountain
Diseño para una fuente

In all these cases the traditional city was all but forgotten. And with it, its advantages, such as the public spaces forming traditional towns, streets, squares, etc., or the blend of housing with public and monumental buildings. Public interaction in urban spaces was also overlooked. A whole view of civic life, in a word, was broadly dismantled.

At Pueblo López, La Virginia or Las Lomas we find an antithesis to these models. Their structure and composition are not intended to break with the existing character of any Andalusian town or village. There is no seeking to invent anything new. Rather, a model that works has been taken and adjusted to particular needs, and all the beauty it can offer drawn out of it.

In fact Donald Gray can be seen as part of a trend which, though small, is international in extent. Those who have advocated revitalising towns and cities and enhancing civic life have almost invariably referred to the characteristic traits of the traditional town, albeit in varying degrees and more or less directly.

Thus Jane Jacobs (1916-2006) suggested reclaiming the street as a sphere of social life, as a venue for a plethora of uses and a setting where individuals could be looked out for and sheltered by the community. She valued community life above the efficiency of large infrastructure, such as motorways, which had broken up communities and swept away countless homes.[7]

The growth of cities after World War II left behind the *modus operandi* and *modus vivendi* of the old-style city. Also forgotten were the idea and image of cities that whole generations had shared for decades. This image was now left up to each individual in an exercise of inevitably solitary existential perception. Kevin Lynch (1918-84) was another to highlight the importance of having an image of the city, though this would be of many varieties, by contrast with citizens' former more uniform image of the traditional cityscape.[8]

En todos los casos citados la ciudad tradicional quedaba prácticamente olvidada. Y con ello los valores propios de la misma: como la presencia de los espacios públicos constitutivos de la ciudad tradicional, la calle, la plaza, etc., o la mezcla de los edificios residenciales con los públicos y monumentales. Igualmente quedaba al margen la interacción ciudadana en los espacios urbanos. En suma, la percepción de la urbanidad quedaba ampliamente desarticulada.

En Pueblo López, La Virginia o Las Lomas encontramos la antítesis de estos modelos. Su estructura y composición no pretenden romper con las que ya caracterizaban cualquier pueblo andaluz. No se busca inventar nada nuevo. Por el contrario, se toma un modelo que funciona, se adapta a unas determinadas necesidades y se extrae de él cuanta belleza puede ofrecer.

De hecho, el caso de Donald Gray puede enmarcarse en una corriente que, si bien ha sido minoritaria, ha tenido carácter internacional. Quienes han reclamado una revitalización de la ciudad y una mayor calidad de vida urbana han echado mano casi de forma invariable de los rasgos que caracterizan a la ciudad tradicional, si bien en distintas gradaciones y de modo más o menos directo.

Así, Jane Jacobs (1916-2006) propuso la recuperación de la calle como el ámbito de la vida en sociedad, como receptáculo de diferentes usos, y como elemento de vigilancia y protección del individuo por parte de la comunidad. Para ella primaba el valor de la vida comunitaria antes que la eficiencia de las grandes infraestructuras, como las autopistas, que habían fragmentado comunidades enteras y destruido miles de viviendas.[7]

El crecimiento de las ciudades después de la Segunda Guerra Mundial había dejado en el olvido los modos de hacer y de vivir de la ciudad de siempre. E igualmente fueron olvidadas la idea y la imagen que de la ciudad habían compartido generaciones completas a lo largo de décadas. Esta

The writings of Jane Jacobs and Kevin Lynch highlighted the erosion that cities had undergone in their morphology and uses and even their imageability. And in the wake of such writings a greater sensitivity arose to the lessons that traditional and historical cities have for those of the present. This was in the early 1960s.

imagen quedaba ahora al albur de cada individuo, en un ejercicio de percepción existencialista y por fuerza solitario. Kevin Lynch (1918-1984) volvió a poner de relieve la importancia de que se tenga una imagen de la ciudad, si bien la misma tendrá muchas más versiones diferentes, en contraste con la uniformidad de la imagen que de la ciudad tradicional tuvieron antaño los ciudadanos[8].

Los escritos de Jane Jacobs o de Kevin Lynch evidenciaron la erosión que había sufrido la ciudad en su morfología, sus usos, e incluso su posible percepción. A partir de este tipo de trabajos es cuando se produjo una mayor sensibilidad hacia las lecciones que enseña la ciudad tradicional e histórica para la ciudad del presente. Cuando esto sucedía eran los inicios de los años sesenta del pasado siglo.

Urban scene in Chauen, Morocco, 2003
Escena urbana en Chauen, Marruecos, 2003

A renewed interest then emerged in the spatial quality and richness of old-style cities, in their urban shapes, types, overlay and collage of districts, etc. This was allied with an as yet incipient interest in former trades, so vital to an ability to maintain and restore our heritage, the great tradition we have received and should transmit to future generations.

New thinkers such as Colin Rowe, Saverio Muratori (1910-73), Aldo Rossi (1931-97) or Léon Krier, among others, have since then greatly contributed to an appreciation of the lessons of historic architecture and cities, as well as of vernacular architecture.

Movements like New Urbanism in the US, with notable theorists such as Andrés Duany and Elizabeth Plater-Zyberk, have looked back to the handsome cities to be found in that country before World War II. They continue to combat suburban sprawl and to advocate a densification of the mostly scattered large American metropolitan areas, a model unfortunately replicated around many Spanish cities and on the Andalusian coast, disregarding the popular traditional urban model on which it is now inevitably parasitic.

New Urbanism, in step with what Donald Gray advocated, seeks to recover the mix of uses characterising traditional cities and thereby to foster an urban density rarely found in recently built districts designed on principles now proven to be mistaken. It has also sought to foster a mixing of social backgrounds so as to enrich community life. For post-war American cities have compartmentalised human activity, as was Le Corbusier's great aspiration. So activities such as living, working, leisure, shopping, etc. must go on in strictly separate areas – separated and "connected" by highways, with all the resultant congestion and pollution. This has undermined or even destroyed community life. Yet towns and cities have for centuries been the product of an architecture of the community. Cities and

Apareció entonces un renovado interés por la calidad y riqueza espaciales de la ciudad de siempre, por su forma urbana, sus tipos, la superposición y el collage de los diferentes barrios, etc. Y con ello, un interés, aún incipiente, por los oficios de siempre, tan esenciales para poder mantener y restaurar la herencia del pasado, ese vasto patrimonio que hemos recibido y debemos transmitir a las generaciones venideras.

Nuevos pensadores, como el ya citado Colin Rowe, Saverio Muratori (1910-1973), Aldo Rossi (1931-1997) o Leon Krier, entre otros, han contribuido desde entonces extraordinariamente a valorar las enseñanzas de la arquitectura y la ciudad histórica, así como de la arquitectura vernácula.

Movimientos como el *New Urbanism* en los Estados Unidos de América, con pensadores tan relevantes como Andrés Duany y Elizabeth Plater-Zyberk, han vuelto su mirada a las hermosas ciudades que existieron en el país antes de la Segunda Guerra Mundial. Hoy siguen luchando por evitar la dispersión producida por el *sprawl*, y elevar la bajísima densidad que afecta a la mayoría de las grandes regiones metropolitanas de los Estados Unidos, un modelo que desgraciadamente se ha replicado también en las periferias de muchas ciudades españolas, y en la propia costa andaluza, desentendiéndose del éxitoso modelo urbano tradicional que hoy indefectiblemente parasita.

El *New Urbanism*, alineándose en ello con lo defendido por Donald Gray, quiere recuperar la mezcla de usos propia de la ciudad tradicional, y con ello, propiciar una densidad urbana que, al estar diseñados siguiendo principios probadamente equivocados, muy rara vez se encuentra en los barrios de reciente construcción. Además, ha tratado de impulsar la mezcla, igualmente, de distintas extracciones sociales, en aras a enriquecer la vida en comunidad. Porque la ciudad americana de posguerra ha sectorizado las actividades humanas (la gran aspiración de Le Corbusier). De modo que actividades como residir, trabajar o cualquier

communities clearly need to go together; and if they do not, there is not a city but something else[9].

otra (ocio, compras, etc.) han de realizarse en áreas estrictamente separadas; separadas y "conectadas" por las autopistas, con lo que eso ha supuesto de congestión y contaminación. Con ello, la vida en comunidad se ha debilitado, cuando no ha quedado destruida. Y, sin embargo, la ciudad ha sido durante siglos el resultado de una arquitectura de la comunidad. Ciudad y comunidad han demostrado necesitar ir unidos. Si no, no hay ciudad, sino otra cosa[9].

Reviving an appreciation of the lessons of the past, the building arts, traditional architecture, etc., undoubtedly requires considerable effort. It is a struggle against the odds, with the prevailing disenchantment with the way cities are growing. Yet the task must be undertaken. In many parts of Europe, where the past is manifestly present and traditional cityscapes still cater for much of the population, dissatisfaction with new-built urban fabric is less in evidence. In Spain, though, the devastation has been great. Here it is worth recalling the words of Léon Krier[10]:

No cabe duda que volver a valorar las lecciones del pasado, las artes de la construcción, la arquitectura tradicional, etc. requiere un notable esfuerzo. Es, en cierto modo, luchar contra viento y marea, dado el desencanto reinante sobre el modo en que están creciendo las ciudades. Pero ese ejercicio se ha de hacer. Quizás en muchas partes de Europa, donde la presencia del pasado es patente y la ciudad tradicional sigue acogiendo a una parte importante de la población, no sea tan apreciable el descontento generado por los tejidos urbanos de nueva construcción. En el caso de España, sin embargo, la devastación ha sido muy notable. A este respecto conviene recordar las palabras de Leon Krier[10]:

◄ Schematic floor plan of the Andalusí neighbourhood of the city of Chauen
Planta esquemática del barrio Andaluz de la ciudad de Chauen

► Main door of one of the houses designed by Donald Gray in the Plaza de Chauen within Las Lomas del Marbella Club Pueblo
Portada de una de las casas diseñadas por Donald Gray en la Plaza de Chauen del Pueblo de Las Lomas del Marbella Club

> Spain has built, literally, an environmental and cultural catastrophe of stellar calibre. An improvement in the situation cannot be expected to come from those who are its governors and promoters. Reform can only come from those who have cast off stifling ideological prejudice. This book [*La Arquitectura de la Comunidad*, the adapted and expanded Spanish version of The *Architecture of Community*] is a manual for those who are ready for it.

Generally speaking, suburbanisation and a steady disarticulation of community life are spreading around the world. Despite the worthy efforts of the architects mentioned, there is an inexplicable resistance to accepting that another kind of architecture and of city is possible, as shown by experiences such as those presented here.

Henry-Russell Hitchcock (1903-87) and Philip Johnson (1906-2005), curators of the MoMA exhibition *The International Style: Architecture since 1922*[11] held in New York in 1932, and authors of its catalogue, defined the principles to be met by designs in the new architecture then emerging in Europe and America in order to be regarded as international, i.e. "modern". As is well known, they prescribed three principles, briefly: having volume rather than mass, no symmetry, and no ornament; a highly reductionist view of what architecture involves, yet widespread today. This simplification naturally brought with it a great impoverishment of architecture in the 20th century.

Colin Rowe speaks in his celebrated book *Collage City* of this strange reduction to three principles in the proposed International Style, likening it to the absurdity of seeking to abbreviate the Oxford English Dictionary by simply removing a lot of pages – something which, as he says, no one would support[12].

> España ha construido, literalmente, una catástrofe ambiental y cultural de calibre estelar. No puede esperarse una mejora de la situación que provenga de los mismos que son su cerebro rector e impulsor. La reforma sólo puede venir de los que hayan desechado prejuicios ideológicos anquilosantes. Este libro – Se refiere a *La Arquitectura de la Comunidad: La modernidad tradicional y la ecología del urbanismo* – es un manual para los que estén dispuestos.

En términos generales, en todo el mundo existe una creciente sub-urbanización y una progresiva desarticulación de la vida comunitaria. A pesar del meritorio esfuerzo llevado a cabo por los arquitectos antes citados, existe una inexplicable resistencia a aceptar que otro tipo de arquitectura y de ciudad es posible, como han demostrado experiencias como las presentadas en este libro.

Henry-Russell Hitchcock (1903-1987) y Philip Johnson (1906-2005), comisarios de la exposición del MoMA *The International Style: Architecture since 1922*[11], que tuvo lugar en Nueva York en 1932, y del correspondiente catálogo, fijaron las condiciones que debían de reunir las obras de la entonces nueva arquitectura emergente en Europa y América, para poder ser calificadas de internacionales, entiéndase modernas. Fijaron, como es bien sabido, tres condiciones, que descritas de modo breve son: tener volumen en vez de masa, ausencia de simetría, y ausencia de ornamento. Una visión muy reduccionista de lo que es la arquitectura, pero muy extendida hoy. Tamaña simplificación ha conllevado, por supuesto, un notable empobrecimiento a la arquitectura del siglo XX.

Colin Rowe, en su famoso libro *Ciudad Collage,* se refería a este insólito reduccionismo a tres principios de la propuesta del *International Style* comparándolo al absurdo de quien pretendiera una reducción del grosor del OED (Diccionario Inglés de Oxford) eliminando simplemente gran parte de sus páginas. Algo que, como él mismo afirma, a nadie se le ocurriría llevar a cabo.[12]

But the implications of this reductionism went on for decades, with a proliferation of excesses by star figures from the 1980s up to the financial crisis of 2008.

The New York Times architecture critic Nicolai Ouroussoff remarked tellingly on the sort of practices prevailing up to the financial cataclysm in his autumn 2008 article "It was fun till the money ran out":

Pero las secuelas de tal reduccionismo han durado décadas, hasta llegar a los excesos de las grandes estrellas, que se multiplicaron desde los años ochenta del siglo XX hasta el crac financiero de 2008.

Resultan muy significativas las palabras de Nicolai Ouroussoff sobre el tipo de práctica profesional que preponderaba hasta el mencionado cataclismo económico. Este crítico de arquitectura del *New York Times* afirmaba en el otoño de 2008, en su artículo "It was fun till the money ran out":

Garden-viewpoint in Pitres
Jardín-Mirador de Pitres

> This era will probably be remembered as much for its vulgarity as its ambition.

Moreover, he also says that:

> These projects [various designs by superstars in Manhattan] threatened to transform the city's skyline into a tapestry of individual greed. (...) Even if the economy turns around, the public's tolerance for outsize architectural statements that serve the rich and self-absorbed has already been pretty much exhausted[13].

Equally illustrative are the words of Rem Koolhaas, hardly suspicious of championing the historic city, noting that:

> Modernism's alchemistic promise – to transform quantity into quality through abstraction and repetition – has been a failure, a hoax: magic that didn't work. Its ideas, aesthetics, strategies are finished. Together, all attempts to make a new beginning have only discredited the idea of a new beginning. A collective shame in the wake if this fiasco has left a massive crater in our understanding of modernity and modernization.
>
> What makes this experience disconcerting and (for architects) humiliating is the city's defiant persistence and apparent vigor, in spite of the collective failure of all agencies that act on it or try to influence it – creatively, logistically, politically.

Koolhaas concludes that:

> More than ever, the city is all we have.[14]

> Esta era será recordada, probablemente, tanto por su vulgaridad como por su ambición.

Y aún dice más:

> Estos proyectos – se refiere a los múltiples proyectos de las super-estrellas para Manhattan - amenazaban con transformar la silueta de la ciudad en un tapiz de codicia individual...Aunque la economía diera un vuelco, la tolerancia del público con las realizaciones arquitectónicas de grandes dimensiones, que sirven a los ricos y egocéntricos, ya ha sido mayormente agotada[13].

No menos ilustrativas resultan las palabras del mismo Rem Koolhaas, nada sospechoso de defender con ardor la ciudad histórica, cuando señaló cómo:

> La promesa alquimista del modernismo (Movimiento Moderno) de transformar la cantidad en calidad a través de la abstracción y la repetición ha sido un fracaso, un fraude: magia que no funcionó. Sus ideas, su estética, sus estrategias están acabadas. En total, todos los intentos de hacer un nuevo comienzo, solamente han desacreditado la idea de un nuevo comienzo. Una vergüenza colectiva siguiendo los pasos de este fiasco ha dejado un enorme cráter en nuestro entendimiento de la modernidad y la modernización.
>
> Lo que hace a esta experiencia desconcertante y (para los arquitectos) humillante es la desafiante persistencia y aparente vigor de la ciudad, a pesar del fracaso colectivo de todas las agencias que actúan sobre ella, o intentan influenciarla – creativamente, logísticamente, políticamente.

Koolhaas terminaba su texto con la afirmación:

> Más que nunca, la ciudad es todo lo que tenemos.[14]

THE IMPORTANCE OF THE BUILDING ARTS AND TRADITIONAL ARCHITECTURE

This disenchantment with the current state of architecture and urbanism is plain to see. It is no coincidence that Donald Gray, an admirer of Tom Wolfe (1930-2018), systematically filed newspaper and magazine cuttings praising (with various degrees of cynicism) the most patent absurdities in architecture and urbanism. But if the city is, as Rem Koolhaas says, "all we have", we may ask: what city? And we must answer in line with all the authors mentioned above, who, like Gray, looked back to the age-old city for lessons, i.e. a type of

LA IMPORTANCIA DE LAS ARTES DE LA CONSTRUCCIÓN Y DE LA ARQUITECTURA TRADICIONAL

El desencanto ante la situación presente de la arquitectura y el urbanismo es evidente. No es casual que Donald Gray, admirador de Tom Wolfe (1930-2018), archivara sistemáticamente recortes de periódicos y revistas en los que se elogiaba con mayor o menor cinismo los más flagrantes disparates arquitectónicos y urbanísticos. Ahora bien, si la ciudad es, como señalaba Rem Koolhaas, "todo lo que tenemos", cabe preguntarse ¿Qué ciudad? Y es ahí donde es preciso responder en sintonía con todos aquellos antes citados, que, como Donald

Caserío de Icor, Tenerife

city, of civic life, which has remained valid for thousands of years.

Streets, squares, blocks, boulevards, monuments and buildings set in the urban fabric, the mix of uses, of social classes, etc. – these have always been with us. They are features of the age-old city, which has survived over centuries and shown an ability to rework itself a thousand times, so as to remain the age-old city. It has, in short, shown great resilience.

Nowhere as in traditional or vernacular construction are the virtues of this timeless architecture more patent, suited to each particular place, each microclimate, each environment and culture, each palette of available resources, etc. So we should value the contribution of those who have explored and appreciated it, like Donald Gray and many others who came before him in Spain, among whom we could cite, given the significance and rigour of their contributions, Leopoldo Torres Balbás (1888-1960) and Carlos Flores[15].

In vernacular architecture – architecture without architects – the creators are ordinary folk and master builders, i.e. those who have mastered the building arts. That produced by architects, on the other hand, often called "polite" or "formal" architecture, is usually more in step with what is required by the time, by any one moment; or, we might say, by fashion. Another term for it is "professional" architecture – more in keeping with the spirit of its time, the *Zeitgeist*, as opposed to the spirit of place, the *Ortgeist*. In Donald Gray's work the fusion with the spirit of place is such that the spirit of the time seems to have vanished or to have been subjugated by an all-pervasive *Ortgeist*, from the integration with the adjoining landscape to the buildings' smallest structural details. Everything seems to have been there always. In it, formal architecture is submerged in the vernacular. The two have merged to the point of being hard to tell apart. This is the architecture of an architect who restores to master builders

Gray, volvieron su mirada a las lecciones de la ciudad de siempre. Es decir a un tipo de ciudad, de vida urbana, que ha permanecido vigente durante varios miles de años.

La calle, la plaza, las manzanas, los paseos, los monumentos y edificios insertos en la trama urbana, la mezcla de usos, de clases sociales, etc. están entre nosotros desde siempre. Son rasgos propios de la ciudad de siempre, que ha trascendido a los siglos y ha mostrado su capacidad de volver a rehacerse una y mil veces, para seguir siendo la ciudad de siempre. Ha mostrado, en suma, una extraordinaria resiliencia.

En ningún otro ámbito como en el de la arquitectura popular o vernácula, se muestran de un modo más patente, las virtudes de esa arquitectura intemporal, adaptada a cada lugar específico, a cada situación climática, a cada medio y cultura, a cada condición de disponibilidad de recursos, etc. Por ello es obligado valorar la contribución de quienes han profundizado en su conocimiento y valorización, como es el caso de Donald Gray, y de los otros muchos que le han precedido en nuestro país, entre los que podríamos destacar, por la relevancia y el rigor de sus contribuciones, tanto a Leopoldo Torres Balbás (1888-1960) como a Carlos Flores[15].

En la arquitectura popular, la arquitectura sin arquitecto, la autoría pertenece a la gente del pueblo y a los maestros de obras, a quienes dominan las artes de la construcción. Por el contrario, habitualmente se conoce como arquitectura "culta" a la que está realizada por arquitectos, y suele estar más atenta a lo que requiere el tiempo, es decir, a cada momento, o, si se prefiere, a la moda. Es la también conocida como arquitectura "profesional", más atenta a ese espíritu del tiempo, el *Zeitgeist*, y no al espíritu del lugar, el *Ortgeist*. En la obra de Donald Gray la fusión con el espíritu del lugar es tal que el espíritu del tiempo parece haberse esfumado, o haber quedado perfectamente sometido al predominio de un *Ortgeist* que lo impregna todo, desde la relación con el paisaje circundante hasta el menor de los detalles constructivos de los edificios. Todo parece haber

their former distinction, an architecture conceived by an architect who puts the spotlight precisely on them and their work.

Concerning respect for setting and place, the reflections of the great Swedish architect Erik Gunnar Asplund (1885-1940) are relevant here. To such respect he attributed the great coherence and beauty of the views of cities and landscapes in the celebrated book *Suecia Antiqua et Hodierna*, along with the orderly arrangement of constructions and the hierarchy of residential and public buildings, churches or the bulk of a castle. He attributed these qualities, in a word, to a cultural spirit taking account of the relationship between a townscape and its natural setting. In 1916 be put this as follows:

estado siempre allí. En ella la arquitectura "culta" se sumerge en la popular. Se funde con ella hasta resultar difícilmente discernibles. Es una arquitectura de arquitecto que restituye a los maestros de obra el protagonismo perdido, una arquitectura concebida por un arquitecto que pone el foco de interés precisamente en ellos y en su labor.

En relación al respeto por el medio, por el lugar, resultan muy pertinentes las reflexiones que hizo, en su momento, el gran arquitecto sueco Erik Gunnar Asplund (1885-1940). Él atribuía a ese respeto la incomparable coherencia y belleza de las vistas de ciudades y paisajes contenidas en el famoso libro *Suecia Antiqua et Hodierna*, así como al orden en la disposición de los edificios, a la jerarquía entre los edificios residenciales y los públicos, las iglesias, o la gran masa del castillo. Lo atribuía, en suma a un espíritu de cultura que tomaba en consideración la relación entre el paisaje urbano y el medio natural en que éste se desarrollaba. Así lo afirmaba en 1916, cuando decía:

Studies on the traditional architecture of La Alpujarra
Estudios de la arquitectura tradicional de La Alpujarra

No one will believe that the beauty in the drawings of Suecia Antiqua is a mere product of idealism. No, it is a product of certain specific realities: of unity, simplicity and the reserved character of bourgeois houses – whether those of the 16th and 17th centuries or those of the 18th and 19th centuries in the style of the architect Tessin – laid out one after another in long rows across islands and neighbourhoods; of the marvellous, rhythmic interplay of these with public buildings, church towers or the dense bulk of a castle rearing forcefully above the ensemble; of the rocks, which are not overlooked; of the hills, which are not brutally sectioned; and chiefly, of the pervasive cultural spirit hovering over all this.[16]

Nadie creerá que la belleza que nos muestran las ilustraciones de *Suecia Antiqua* es sólo producto del idealismo. No, es una consecuencia de determinados hechos concretos: de la unidad, simpleza y tímido carácter de las casas burguesas -tanto las de los siglos XVI-XVII como las que siguen el estilo implantado por el arquitecto Tessin, del XVIII-XIX- situadas una tras otra en largas hileras en las islas y en los barrios; de la maravillosa y rítmica variación entre aquéllas y los edificios públicos, las torres de las iglesias y la densa masa del castillo que, con fuerza dominante se levanta entre todo ello; de las rocas, que no han sido eliminadas, y de las colinas que no han sido brutalmente atravesadas; y, principalmente, del generalizado espíritu de cultura que gravita sobre todo lo anteriormente citado.[16]

In the same paper Asplund expands on this view:

How rarely have we, modern Swedish architects, managed to integrate a building into an urban environment! (...) Let us, changing the subject slightly, regretfully acknowledge our fault here. Neither the citizens of Stockholm or Gothenburg nor of other cities across the country seem, even in their home cities, to have achieved any characteristic and natural architecture. We should, with due respect, highlight some typical examples among many fine and even handsome buildings which, however, seem unnatural

En el mismo artículo, Asplund confirmaba esta misma visión:

¡Qué pocas veces nosotros, los arquitectos suecos modernos, hemos conseguido integrar un edificio en un ambiente urbano! [...] Dejadnos, saliéndonos un poco del tema, admitir con arrepentimiento nuestra culpa en este sentido. Ni los ciudadanos de Estocolmo, ni los de Gotemburgo u otras ciudades del país parecen, ni siquiera en sus propias ciudades, haber llegado a algún tipo de arquitectura característica y natural. Deberíamos, con perdón, sacar a la luz algunos ejemplos típicos de los muchos que existen parecidos,

◀ View of the ensemble of Prado Toro from the garden designed by Donald Gray at the bottom of it
Vista del conjunto de Prado Toro desde el jardín diseñado por Donald Gray a los pies del mismo

▶ Details of a window and a fountain in Prado Toro
Detalles de una ventana y una fuente en Prado Toro

in their setting.[17]

He goes on to say that:

> Likewise, an architect can make a newly built structure seem to have arisen naturally from its setting by borrowing from the surrounding buildings' scale, materials, form of construction and style. One forgets that it is more important to follow the style of the place than the style of the time.[18]

Asplund seems to be claiming for his time the kind of work presented here, in tune with the sensibility that the Swedish architect advocates.

From a look at the state of many towns and cities across our country, the huge deterioration undergone is plain to see, and the old approach of growing in keeping with a setting seems forgotten.

Today's industrialised society has shown a great ability to alter our habitat – whether for the better or, as we are seeing, to compromise our future. Yet traditional architecture sought to limit energy consumption so as to allow the resources used in generating it not to be depleted. This maintained an environment that was "enduring", or durable (as the French say, meaning "sustainable").

Over the past decades a massive use of fossil fuels (coal, oil etc.) has been alarmingly upsetting the balance of our environment and our planet. In this regard, three decades ago, Hassan Fathy (1900-89) was already advocating a shift to natural energy sources, such as sun and wind, and a return to traditional materials whose use would not jeopardise the endurance of our ecosystem, such as earth.[19]

> de por sí buenos e incluso muy bellos edificios, que no se muestran naturales en su entorno.[17]

Y más adelante añadía:

> De la misma forma puede el arquitecto hacer que un edificio de nueva construcción parezca haber surgido naturalmente de su entorno, tomando prestada la escala, los materiales, la forma de construir y el estilo de los edificios que lo rodean. Se olvida que es más importante seguir el estilo del lugar que el estilo del tiempo.[18]

Asplund parece así estar reivindicando para su tiempo el tipo de trabajos aquí presentados, que encajan a la perfección con la sensibilidad que reclamaba el arquitecto sueco.

Al ver el estado de muchas ciudades y pueblos de nuestra geografía, resulta evidente la gran erosión que esos lugares han sufrido. Aquella actitud de crecer en sintonía con el medio parece olvidada.

La sociedad industrial de hoy demuestra una gran capacidad para alterar el medio en el que vivimos. A veces para bien, y otras, como estamos viendo, para hipotecar el futuro. En la arquitectura tradicional se buscaba que la energía consumida estuviera limitada a una justa medida que permitiera no esquilmar los recursos que generaban esa energía. Se trataba de mantener un medio "duradero" o *durable*, que en lengua francesa es como se hace referencia al término sostenibilidad.

En las últimas décadas, el recurso a los combustibles fósiles (carbón, petróleo etc.) de modo masivo, está alterando el equilibrio del medio, del planeta, de un modo alarmante. Hassan Fathy (1900-1989), hace ya tres décadas, en relación a esta cuestión, reclamaba la conveniencia de recurrir a fuentes de energía naturales, como la solar y la eólica, y de retornar a materiales tradicionales cuyo uso no resultara dañino para la pervivencia de nuestro ecosistema, como la tierra.[19]

Yet the deterioration of our traditional towns and traditional architecture is not just physical or visual but also and above all a deterioration of identity, of what characterises each place and makes it unique, notably including its building crafts, arts and trades. Thus caring for and keeping up these ways of doing

Pero el deterioro de nuestras ciudades tradicionales, de la arquitectura tradicional, no es solamente físico o visual, es además y sobretodo un deterioro de identidad, de lo que es propio de cada lugar y lo hace único, entre los cuales, y de modo preeminente, están las maneras de hacer, los oficios, las artes de

Design for an ornamental element
Diseño para un elemento ornamental

things – the task Donald Gray devoted his life to – amounts to preventing this deterioration and even loss of identity.

There is no good reason to go on spurning the know-how and praxis of traditional building arts and architecture and urbanism, especially in an open and democratic society. Plurality is inherent to a civilised culture. Only with an open, tolerant attitude free of ideological prejudice will we be able to avoid the situation referred to here by Léon Krier:

> After fifty years of brainwashing, citizens may be resigned to the banality of modern buildings, but, when they have the choice, a majority (including modernist architects) prefer to live, work, spend their holidays and their retirement in traditional homes (just like François Mitterrand, Ieoh Ming Pei, Mick Jagger, Pierre Boulez and Norman Foster). This gives rise to a phenomenon that may be called "public vice, private virtue.[20]

la construcción. Por ello, cuidar y mantener esas maneras, esa labor a la que Donald Gray dedicó su carrera, es tanto como evitar el deterioro e incluso la pérdida de la identidad.

No tiene justificación seguir renegando del conocimiento y la práctica de las artes de la construcción y de la arquitectura y el urbanismo tradicionales. Más aún en una sociedad abierta y democrática. La pluralidad es inherente a una sociedad civilizada. Sólo con una actitud abierta, tolerante, sin prejuicios ideológicos, podremos evitar la situación a la que Leon Krier alude cuando afirma que:

> Tras cincuenta años de lavado de cerebro, los ciudadanos pueden haberse resignado a la banalidad de las construcciones modernas, pero - cuando tienen ocasión¬ - la mayoría (incluidos los arquitectos modernos) prefieren vivir, trabajar, pasar las vacaciones y la jubilación en sus casas tradicionales (como por ejemplo François Mitterrand, Ieoh Ming Pei, Mick Jagger, Pierre Boulez o Norman Foster).
>
> Aunque celebramos esa hipocresía, es imperdonable el doble rasero que les lleva a condenar como vicio público lo que, en privado, practican como virtud.[20]

AN APPRECIATION OF DONALD GRAY

RECONOCIMIENTO A DONALD GRAY

These paragraphs are intended as an appreciation of the work of this illustrious Spanish-Australian whose dedication and commitment contributed to the creation of beautiful places in Andalusia. Needless to say, the views expressed here are in line with Gray's, but what is valuable is his work, which remains with us as a true manifesto of a way of thinking and acting.

Estos párrafos quieren ser un reconocimiento a la obra de este ilustre australiano-español. Su dedicación y entrega han contribuido a la creación de hermosos lugares en Andalucía. Ni qué decir tiene que las ideas que aquí se han expuesto eran compartidas por Donald Gray. Pero lo valioso ha sido su obra, que nos queda como un verdadero manifiesto de cómo pensar y actuar.

Picture of Donald Gray in 2016
Retrato de Donald Gray en 2016

His task was never simple. He went always against the grain, fighting for principles he never relinquished. His perseverance in clinging to them kept away acclaim and accolades. Instead he had to deal again and again with the manifold obstacles put in his way by those who, prompted by ignorance, egotism, opportunism or avarice, disparaged his uphill and often lonely struggle to preserve the beauty of our habitat. Nor therefore did he find support among his professional fellows. Mostly serving interests remote from his, they paid him little heed. Only at the end of his career, in 2015, once the state of the world had evidenced the urgency of finding more respectful ways of inhabiting and shaping our world, was his work

Su labor nunca fue sencilla. Siempre fue contracorriente, luchando por unos principios que nunca abandonó. Su insistencia en aferrarse a ellos le apartó de éxitos y reconocimientos. Por el contrario, tuvo que enfrentar una y otra vez los múltiples obstáculos impuestos por quienes movidos por la ignorancia, el egoísmo, el oportunismo, o la codicia, denostaban su ardua y a menudo solitaria lucha por preservar la belleza de nuestro entorno. Tampoco pudo por ello encontrar apoyo entre sus colegas de profesión. Plegados mayoritariamente a intereses muy distintos a los suyos, le daban la espalda. Sólo en las postrimerías de su carrera, en el año 2015, cuando la situación mundial nos había ya señalado la urgencia de buscar formas

Fountain located in the back patio of Prado Toro
Fuente en el patio trasero de Prado Toro

recognised. The award of the Rafael Manzano Prize for New Traditional Architecture, created thanks to the American philanthropist Richard H. Driehaus, made known for the first time what had until then been under cover: one of the best-kept secrets of the high valleys of the Alpujarra.

In these last years, Gray had with Josefa López del Valle drawn up a series of manuals showing how to execute various features of the new architecture that could be practised in the Alpujarra. Following a catalogue of details from the various towns and villages considered, he contrasted faulty and proper executions of each feature. The simplicity of the drawings makes his message easy to understand, accessible to all. He was seeking thereby to prevent the spread of faults and errors due merely to lack of know-how. These simple manuals were published by the Granada Alpujarra Rural Development Association in 2014 under the title *La construcción tradicional en La Alpujarra granadina* and distributed throughout the region.

Donald Gray was generous and dedicated, always ready to give advice or lend a hand. This would include working to stake out problems himself *in situ* like just another worker, or rather in the way he himself had learned the craft of building.

Beyond his passion for architecture, Donald had a true passion for learning, for culture generally and for the cultures that had shaped Andalusia in particular.

Edificios edificantes (edifying buildings) – such was his term for architectures whose construction and design reflect traditional know-how. All of his built work might carry this label, for the guiding thread of his great oeuvre is the pursuit of this quality. The result is simply beautiful architectures – solid, enduring, blending naturally with place. Such architectures are landscape, modelled with and from it. They are its forms and materials. They are the fruit of a culture and a local tradition which Donald studied, cultivated and supported tirelessly,

más respetuosas de habitar y transformar nuestro planeta, llegó el reconocimiento a su trabajo. La recepción del Premio Rafael Manzano de Nueva Arquitectura Tradicional, creado gracias al filántropo norteamericano Richard H. Driehaus, supuso que por vez primera se difundiera y conociera lo que hasta entonces había permanecido velado, uno de los secretos mejor guardados de los altos valles alpujarreños.

Precisamente en los últimos años, Donald Gray había elaborado junto a Josefa López del Valle una serie de manuales indicando cómo deben ejecutarse diversos elementos de la nueva arquitectura que pudiera realizarse en La Alpujarra. Tras un catálogo de detalles propios de cada uno de los pueblos analizados, por medio de dibujos contraponía a una ejecución inadecuada, la manera correcta de ejecutar el elemento en cuestión. La sencillez de los dibujos facilitaba la comprensión del mensaje, lo que hacía que fueran accesibles para cualquiera. Con ello buscaba contribuir a que no se siguieran generalizando más errores o disparates por mero desconocimiento. Estos sencillos manuales fueron publicados por la Asociación de Desarrollo Rural de La Alpujarra de Granada en 2014 con el título *La construcción tradicional en La Alpujarra granadina* y difundidos por toda la región.

Donald Gray era una persona generosa y entregada. Siempre dispuesta a aconsejar y a ayudar. Esta ayuda incluía su propio trabajo para replantear los problemas *in situ*, como un operario más; o más precisamente, tal y como él había aprendido el oficio de construir.

Además de su pasión por la arquitectura, Donald tenía una verdadera pasión por aprender, por la cultura en general, y por las culturas que habían influido en Andalucía en particular.

"Edificios edificantes", así denominaba a las arquitecturas que recogían en su construcción y su diseño los saberes tradicionales. Toda su obra construida podría etiquetarse así, pues su

kindling the same interest in all of us who had the good fortune to know him.

His home in Atalbéitar, at the heart of the Alpujarra, was both a haven of peace and a lovely setting, full of books, drawings and furniture designed by himself. His sitting room, with its wide-open balcony doors offering long vistas over the region's deep valleys, had a very special feel.

In that serene beauty he lived his last thirty years, enjoying the company of family and friends and sharing with them his unique sense of humour.

Donald Gray passed away in Atalbéitar on 27 April 2019. His 84 years had slowed him down only physically, as he retained a childlike freshness and vitality. With boundless intellectual curiosity and professional dedication, he devoted his last years to studying Farsi, preparing an unfinished book on the many "architectural horrors" progressively disfiguring our landscapes, experimenting with the master ceramist Fátima Quesada with Iznik-type glazed pottery and, with the help of his friends and colleagues Gabriel Montero and Francisco Aguilar, restoring and embellishing dilapidated local public spaces, turning them into veritable gardens which, like all his work, seemed to have been always there.

inmensa labor tuvo siempre como hilo conductor una constante búsqueda de este objetivo. El resultado: arquitecturas sencillamente bellas, sólidas, duraderas y naturalmente fundidas con el lugar. Son arquitecturas que son paisaje, que son modeladas con él y a partir de él. Son sus formas y sus materiales. Son el fruto de una cultura, la de la tradición local, que Donald estudió, cultivó y promovió sin descanso, contagiando además a cuantos tuvimos la fortuna de conocerle.

Su casa en Atalbeitar, en el corazón de la Alpujarra, además de un remanso de paz, era un ámbito hermoso, rodeado de libros, dibujos, y muebles que él mismo había diseñado. Su sala de estar, con las puertas del balcón abiertas de par en par, que permitían unas larguísimas vistas sobre los profundos valles de la región, tenía una atmósfera muy especial.

En esa serena belleza vivió los últimos treinta años, disfrutando de la compañía de su familia y sus amigos, y compartiendo con ellos su incomparable sentido del humor.

Donald Gray falleció en Atalbéitar el 27 de abril de 2019. Sus 84 años pesaban únicamente en lo físico, pues mantenía la frescura y la vitalidad de un chiquillo. Con una curiosidad intelectual y un compromiso profesional inagotables, sus últimos años los dedicó a estudiar farsi, a preparar un inacabado libro sobre los múltiples "horrores arquitectónicos" que van desfigurando nuestros paisajes, a experimentar junto a la maestra ceramista Fátima Quesada con cerámicas vidriadas de tipo Iznik, y a recomponer y embellecer con la ayuda de sus amigos y compañeros Gabriel Montero y Francisco Aguilar espacios públicos deteriorados de la localidad en la que habitaba, convirtiéndolos en verdaderos vergeles que, como todas sus obras, parecían haber estado siempre allí.

His persevering interest and enduring will to keep discovering and teaching the essence of our architectural tradition is immortalised in an extensive oeuvre which, provided there is a will to recognise and preserve it, will serve always as inspiration for future generations of architects.

Su persistente interés y su voluntad férrea por seguir descubriendo y enseñando la esencia de nuestra tradición arquitectónica han quedado inmortalizados en su extensa obra construida, que, si existe determinación por reconocerla y preservarla, servirá siempre de inspiración a las futuras generaciones de arquitectos.

Window in Prado Toro
Ventana en Prado Toro

PUEBLO LÓPEZ

Fuengirola, Málaga

The Pueblo López project began in 1967 and was developed by Bryan Hindson, known as Juanito López, who entrusted its design to Donald Gray. López bought both the land for the development, then on the way out of Fuengirola towards Mijas, as well as the plot just to the west. The latter was then a fine property thriving with native vegetation which was to serve as a backdrop to the compact ensemble Gray was designing. Pueblo López was thus blended into the adjoining

El proyecto de Pueblo López comenzó en 1967. Fue promovido por Bryan Hindson, conocido como Juanito López, quien confió su diseño a Donald Gray. Juanito López adquirió no sólo los terrenos en los que se construiría, situados entonces en la salida de Fuengirola hacia Mijas, sino también los situados inmediatamente al oeste. Estos últimos estaban entonces ocupados por una bonita finca cubierta de vegetación autóctona que serviría de marco al compacto conjunto en el que trabajaba Donald

◄ Vista aérea de Pueblo López desde el norte
Aerial view of Pueblo López from the north

► Arquerías de la plaza
Arcades located in the square

countryside in keeping with the region's urban tradition, becoming just another neighbourhood in which a close-knit cluster of bright whitewashed houses stood out against the lush greenery behind. In the photos remaining from the time of building one sees a sharp contrast between the integrative approach taken at Pueblo López and the piecemeal suburban style already starting to spatter the coastal strip with asphalt and high, cloned apartment blocks. The incipient tourist industry was already eating into the pristine Andalusian landscapes that had bewitched Gray.

Gray. De esta forma, Pueblo López se articulaba con el paisaje circundante en continuidad con la tradición urbana de la región, convirtiéndose en un núcleo urbano más en el que un denso racimo de casas de refulgente encalado blanco destacaba sobre el intenso verde de la exuberante vegetación circundante. En las fotografías que del momento de su construcción se conservan puede apreciarse el contraste de la estrategia de integración seguida en Pueblo López con el planteamiento fragmentario y suburbano que iba salpicando ya entonces de asfalto y altas torres de apartamentos seriadas la franja más cercana a la costa. El incipiente negocio del turismo de masas estaba ya devorando los prístinos paisajes andaluces que habían enamorado a Donald Gray.

◄ Planta esquemática del conjunto
Schematic floor plan of the ensemble

► Núcleo original de Pueblo López
Original core of Pueblo López

► El conjunto en construcción
The ensemble under construction

The ongoing project was funded by means of selling the houses completed first as more were being built, on the pattern Gray had tried out at San Juan and San Nicolás.

La financiación del proyecto fue posible gracias a que las casas iban construyéndose a medida que iban vendiéndose las edificadas previamente, repitiendo así la experiencia ya ensayada por Donald Gray en San Juan y en San Nicolás.

◄ Vista de la Calle Mijas
View of Calle Mijas

► Dibujo para el proyecto inicial
Drawing for the initial design

No. 10

Pueblo López was initially conceived as a complex of some fifty houses, the largest designed by Gray to date. This enabled him to try a more urban approach than in previous projects. Thus the buildings and their townscape set out from a plaza around which the first and principal structures progressively emerged, including from the outset a bar and restaurant. The whole plaza was conceived as a gathering place to foster a sense of community among future residents, whether permanent or seasonal. The idea was to build not a development for casual tourists but an enduring "solid" place, in the sense that Zygmunt Bauman gives the term.

Pueblo López fue concebido inicialmente como un conjunto de unas cincuenta casas, el mayor de los diseñados por Donald Gray hasta aquella fecha. Esto le permitió ensayar un planteamiento más urbano que el seguido en proyectos anteriores. Su construcción, y su estructura urbana, partieron así de una plaza, en torno a la cual fueron alzándose los primeros y principales edificios y en la que se incluyeron desde el primer momento un bar y un restaurante. Toda la plaza se concibió como un lugar de encuentro que fomentara el sentido de comunidad entre los futuros vecinos, fueran éstos permanentes o estacionales. Se trataba de

◀ Dibujo para el diseño original de la plaza
Drawing for the original design of the square

▶ Vista de la Calle Mijas
View of Calle Mijas

The inhabitants of Pueblo López were intended to be able at some point to feel rooted in it, and it was meant in time to became just one more district of the neighbouring Fuengirola, containing (and updating) the fine qualities of the region's historic town centres. Indeed it was advertised from the start by estate agents as a true "Andalusian village"

construir no una urbanización que albergara turistas ocasionales, sino un lugar duradero y sólido en el sentido que confiere a este término Zygmunt Bauman. Se buscaba que sus habitantes pudieran en algún momento sentirse arraigados en él y que Pueblo López se erigiera con el tiempo en un barrio más de la vecina Fuengirola, un barrio que

◂ Vista de Pueblo López
View of Pueblo López

▾ Plaza de Juanito López

and posters soon appeared suggesting that it be visited as part of "Old Fuengirola".

reuniera, actualizándolas, las mejores cualidades de los centros históricos de la región. De hecho, los anuncios inmobiliarios lo promocionaron desde un inicio como un verdadero "pueblo andaluz" y pronto llegarían a aparecer carteles que invitaban a visitarlo como "Old Fuengirola".

The plaza is delimited by the buildings of the ensemble that are most urban in character, erected over a continuous limewashed brick arcade. The arches form a shelter for the ground-level retail premises and an entrance for the dwellings above. Several trees make the open cobbled area shady and cool and in the middle is a large plane tree and a fountain set in an inviting basin that can be sat on. Unfortunately this fountain is today much disfigured, coated in synthetic paint with just the sort of phoney look that Donald Gray tirelessly resisted through his work.

La plaza es delimitada por los edificios de carácter más urbano del conjunto, que se alzan sobre arquerías continuas de ladrillo encalado. Estas arquerías cobijan los espacios comerciales y los accesos a las viviendas que ocupan la planta superior. Varios árboles sombrean y refrescan el espacio libre empedrado y en su centro se alzan un gran plátano de sombra y una fuente circundada por un pilón que invita a sentarse en él. Desafortunadamente esta fuente se encuentra hoy muy desfigurada tras haber sido recubierta con pintura sintética, adquiriendo con ello precisamente la apariencia de sucedáneo contra la que denodadamente combatía Donald Gray a través de su obra.

◄ Detalle de varias cornisas
Detail of several cornices

► Soportales en la plaza
Arcades located in the square

The plaza is accessed through an alley opening onto its centre via an arch crowned with a little niche which seems designed to hold a tutelary image for the new neighbourhood, in the traditional way. This arch, originally intended to be always open, is now shut up at night with a gate. In the same axis as this approach, on the far

Se accede a esta plaza a través de una estrecha calle que se abre en su eje principal y que da acceso al conjunto a través de un arco coronado por una pequeña hornacina que parece invitar a colocar en ella alguna imagen protectora del nuevo barrio, tal como se hacía tradicionalmente. Este arco, originalmente concebido para permanecer siempre

◄ Callejón transversal a las calles principales
Narrow street perpendicular to the main streets

► Fondo perspectivo de uno de los quiebros de la calle Mijas
Perspective view of one of the street bends in Calle Mijas

side of the square, is the start of the main street of the original Pueblo López: Calle Mijas. The frontage of the houses on either side are aligned to it and yet the line is discontinuous, repeatedly disrupted. These successive kinks, already present in Gray's early sketches for Pueblo López, turn the street into a sequence of spaces on a domestic and convivial scale, giving each stretch a distinct visual backdrop containing occasional architectural features such as a fountain or shrine.

abierto, se cierra ahora por la noche con una cancela. En línea con este acceso parte del frente opuesto de la plaza el que constituye el eje viario principal del núcleo original de Pueblo López, la Calle Mijas. Se alinean a ella las fachadas principales de las casas que la delimitan. Esta alineación, sin embargo, no es continua, sino que se quiebra en distintos puntos. Estos retranqueos sucesivos, que están presentes ya en los primeros bocetos del proyecto que realizara Gray, transforman la calle en una secuencia de espacios de escala más doméstica y acogedora, dotando a cada recorrido de fondos perspectivos definidos que se aprovechan ocasionalmente para colocar elementos arquitectónicos atractivos, tales como una fuente o un altar.

Most of the houses have plans of 100 to 130 m2, distributed over two floors, with normally two bedrooms and occasionally a smaller third one. Each has a small courtyard, usually at the back. Between the yards of the houses along the east side of Calle Mijas and those forming the west frontage of the parallel Calle Fresadores is an alley giving access to all the yards, running between their perimeter walls. Also fully limewashed, these are topped colourfully here and there by vegetation emerging from inside.

Las casas son en su mayoría de entre 100 y 130 metros cuadrados distribuidos en dos plantas, generalmente con dos dormitorios y en ocasiones con un tercero de menores dimensiones. Todas ellas cuentan con un pequeño patio, que se encuentra generalmente en la parte trasera. Entre los patios de las casas que definen el frente oriental de la Calle Mijas y los que conforman el alzado occidental de la paralela Calle Fresadores se dispone además una estrecha vía de servicio que va dando acceso a todos los patios y que discurre entre las tapias que delimitan éstos. También íntegramente encalada, se ve coronada aquí y allá por la colorida vegetación que encierran los patios adyacentes.

The buildings were erected with true bearing walls, brick arches, structural timber and traditional roofs. The varied and handsome composition of the original doorways, glasswork, woodwork, balconies and grilles reflect Gray's systematic studies across Andalusia, measuring and drawing the elevations and details of any buildings that caught his eye. It is thus often easy to spot elements added or modified later by some inhabitants: changes chiefly involving aluminium joinery appearing in windows or overhangs added to doors.

Los edificios fueron construidos con auténticos muros de carga, con arcos de ladrillo, estructuras de madera y tejados tradicionales. La variada y atractiva composición de las portadas, monteras, carpinterías, balcones y rejerías originales es buen reflejo de los sistemáticos estudios que venía realizando Donald Gray por todo Andalucía, midiendo y dibujando alzados y detalles de cuantos edificios llamaban su atención. A menudo es fácil por ello identificar los elementos añadidos o modificados posteriormente por los habitantes de algunas de las casas, transformaciones que han conllevado principalmente la aparición de carpinterías de aluminio en algunas ventanas y el añadido de tejaroces sobre algunas puertas.

◀ Dibujo de una vivienda tipo con su patio trasero
Drawing of a typical dwelling with its back patio

▶ Plantas esquemáticas de una vivienda tipo
Schematic floor plan of a typical dwelling

▼ Catálogo de ventanas con monteras y rejas
Catalogue of windows with monteras and iron work

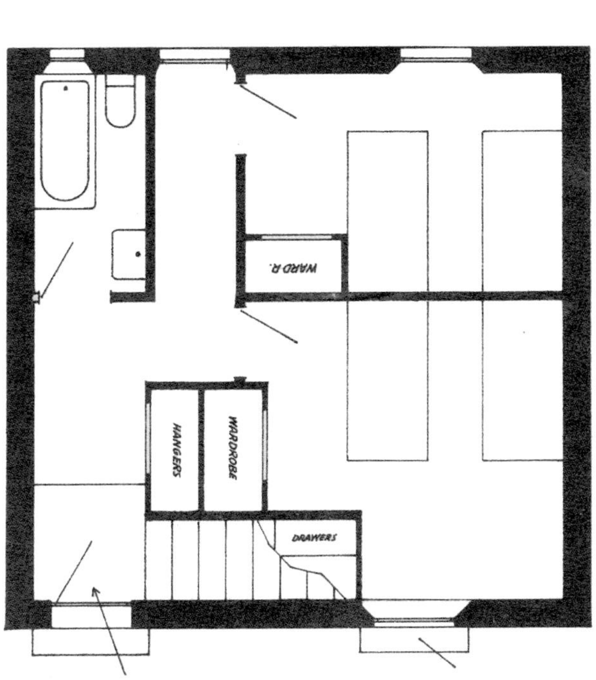

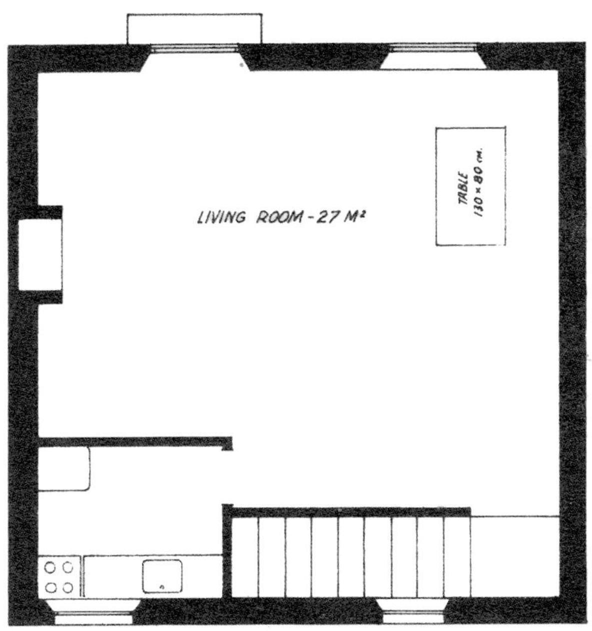

The original Pueblo López district ended on the north side with a tower-house that is still extant and was initially designed in its top part to hold a water tank for the whole ensemble. Later the first development was extended in successive phases with mixed results by other architects, mostly following the original project's example only superficially. The green belt disappeared as the extensions steadily spread. Here the streets and houses succeed one another in mechanical repetition and the magic of Pueblo Nuevo dissolves

El núcleo original de Pueblo López terminaba en su extremo norte en una casa-torre que aún se conserva y que fue concebida para albergar en su parte superior el depósito de agua del conjunto. Este primer desarrollo urbano sería posteriormente ampliado en sucesivas fases por otros arquitectos que, con mayor o menor éxito, seguirían en general sólo superficialmente el ejemplo del proyecto inicial. El espacio verde que lo circundaba desapareció a medida que fueron creciendo estas ampliaciones. En ellas las calles y casas se suceden

into self-caricature. Significantly this occurs both in the townscape and in construction details, which become mass produced and industrial, making their forms and proportions often inconsistent.

en su mayoría en mecánica repetición y la magia de Pueblo López se disuelve en una caricatura de sí mismo. Significativamente esto sucede no sólo a escala urbana, sino que también los propios detalles constructivos se vuelven a menudo seriados e industriales, haciendo que sus formas y proporciones sean a menudo inconsistentes.

◄ Remate superior del edificio principal de la plaza
Crowning volume of the main building of the square

► Altar situado en la Calle Mijas
Altar located in Calle Mijas

▼ Catálogo de monteras
Catalogue of windows with monteras

▼ Detalle de una cornisa
Detail of a cornice

LA VIRGINIA

Marbella, Málaga

The developers at La Virginia were Juan Manuel Figueras and Freddy Wildman, who decided, given the commercial success of Gray's project at Pueblo López, to follow a similar plan. They bought some land on the slopes of a small hill in north-west Marbella by Camino de Camoján, again far from the sea and adjoined by woods as a setting for this new Andalusian neighbourhood conceived together with Gray. María Luisa Larrañaga and Rafael Neville were also partners in the project.

Los promotores de La Virginia fueron Juan Manuel Figueras y Freddy Wildman, quienes, ante el éxito comercial del proyecto realizado por Donald Gray en Pueblo López, determinaron seguir una estrategia similar. Adquirieron unos terrenos situados en las faldas de una pequeña elevación al noroeste de Marbella, junto al Camino de Camoján, nuevamente alejados del mar y rodeados de áreas boscosas que sirvieran de marco al nuevo barrio andaluz que habían concebido junto a Gray. También participaron en este proyecto María Luisa Larrañaga y Rafael Neville.

◄ Vista aérea de La Virginia desde el sur
Aerial view of La Virginia from the south

► Vista de la calle principal del conjunto hacia la capilla
View of the main street of the ensemble towards the chapel

The contrast with the type of tourist developments already then encroaching on the Marbella coast and which were to prove so popular in subsequent decades was again stark. The paradisiacal ecosystem ascending from Marbella into the slopes of the rugged hills sheltering the town could either be reshaped so as to be integrated and enjoyed in organic new developments – or be compartmentalised, eaten up and wiped off the map by a sea of suburbs, dead-end roads and soulless, repetitive tourist buildings. As we know, the second model prevailed; but the projects considered here point to a possible future way of reverting some of the harm done to this region and its natural resources.

El contraste con el tipo de desarrollos urbanos turísticos que iban invadiendo las costas marbellíes y que triunfarían definitivamente en décadas posteriores era una vez más radical. El paraíso climático y ecológico que ascendía desde Marbella hacia las faldas de las serranías que la cobijan podía ser transformado para ser integrado y disfrutado en los nuevos crecimientos urbanos o podía ser compartimentado, devorado y literalmente borrado del mapa por un mar de colonias suburbanas, de carreteras en fondo de saco y de seriadas y anónimas edificaciones turísticas. Como es bien sabido, triunfó finalmente este segundo modelo, pero los proyectos aquí analizados muestran un posible camino para reparar en el futuro parte del daño causado a la región y sus recursos naturales.

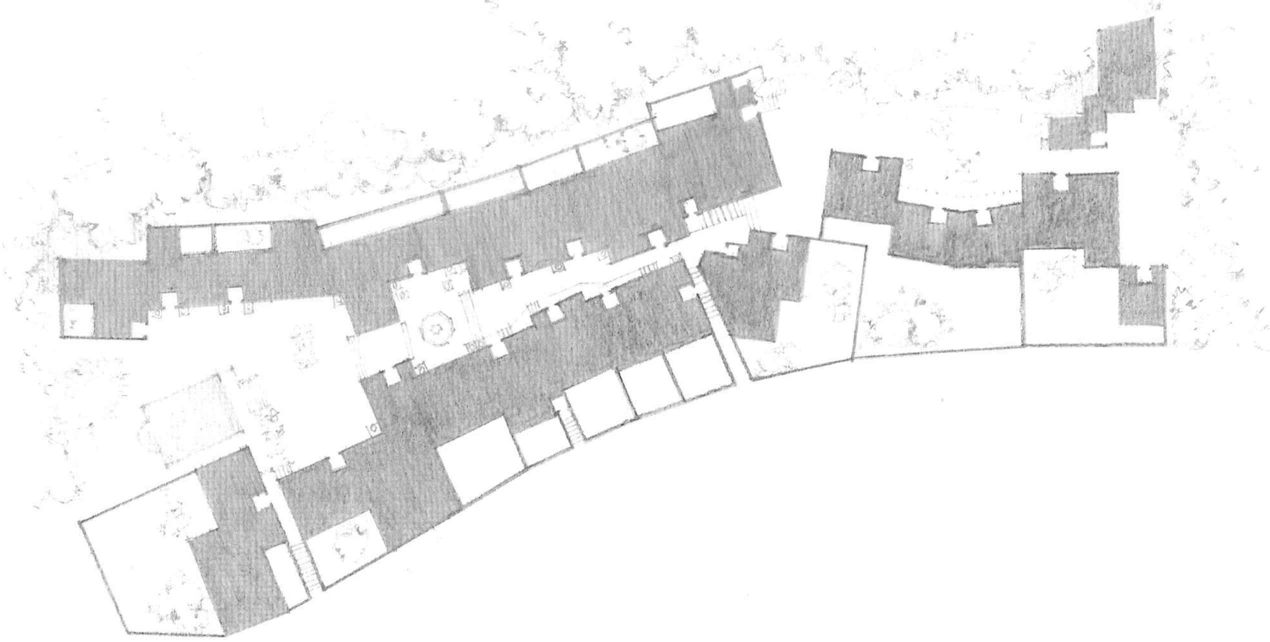

Building at La Virginia, named in honour of Figueras's mother, started in 1968, though at that time Gray spent nearly a year in San Francisco, joining the international cultural pilgrimage made by others of his generation. On his return in 1969 the project was resumed with renewed energy. During the works he set up house in La Virginia, as he had done in previous projects, so as to be in direct contact with the place and to continuously monitor the works.

La construcción de La Virginia, bautizada así en honor a la madre de Figueras, arranca en 1968, aunque Donald Gray pasó en aquel momento casi un año en San Francisco, sumándose con ello a la peregrinación internacional que se produjo en determinados ámbitos culturales de su generación. Fue a su regreso, ya en 1969, cuando se retomó el proyecto con renovado vigor. Durante el desarrollo de las obras se traslada a vivir a La Virginia, tal como había hecho ya en proyectos anteriores, de forma que pudiera tener un contacto directo con el lugar y un seguimiento continuo de los trabajos realizados.

◄ Planta esquemática del conjunto
Planta esquemática del conjunto

► Dibujo de proyecto para la Plazoleta del Arroyo
Dibujo de proyecto para la Plazoleta del Arroyo

Vista de la Calle de la Tienda
View of the Calle de la Tienda

The buildings and public spaces were designed and built progressively as people interested in moving in came along, joining the community growing up around its developers. Both houses and flats were offered, according to each buyer's needs or means. In this way the complex grew, adapting organically to a terrain and vegetation that guided it towards

Los edificios y espacios públicos fueron diseñándose y construyéndose de forma progresiva, a medida que llegaba gente interesada en instalarse allí y unirse así a la comunidad que iba formándose en torno a sus impulsores. Se ofrecían tanto casas como pequeños apartamentos, en función de las necesidades o posibilidades de cada uno. De esta forma, fue

its final make-up.

Once again the premise was to create a setting liable to generate a bond with the incoming residents, a place whose design and character would be an integral part of the community living there. Its streets and squares were conceived

creciendo el conjunto adaptándose orgánicamente a la topografía y la vegetación existentes, que iban guiando la que sería la composición final.

Una vez más el punto de partida era la creación de un entorno capaz de crear un fuerte vínculo con los vecinos que iban llegando, un lugar cuyos

as places for gathering and exchange, a public extension of domestic space. The public spaces are neat, well defined and shady, featuring greenery and the burble of fountains and delimited by buildings of refined Andalusian character. Again from the outset it was thought essential to have a bar and restaurant and this time even a grocery so that the place could function like a traditional neighbourhood. These traits soon made La Virginia a fascinating cultural hub, attracting artists and creators from around the world. Indeed today its plazas and restaurants remain a focus of social gatherings.

diseño y carácter formaran parte indisociable de la identidad de la comunidad que lo habitara. Calles y plazas estaban concebidas como lugares de encuentro e intercambio, como una prolongación de carácter público del propio espacio doméstico. Espacios públicos recogidos y bien acotados, sombreados, donde la vegetación y el sonido de sus fuentes adquieren un papel protagonista, fueron definiéndose entre edificios de depurada esencia andaluza. De nuevo se consideró fundamental que el conjunto contara desde un comienzo con un bar, un restaurante e incluso con su propio colmado, de forma que pudiera funcionar como un barrio tradicional. Estas características convirtieron pronto a La Virginia en un fascinante foco cultural por el

The original La Virginia district contained some 25 dwellings but it went on growing, no longer under Donald Gray's artistic aegis. Its structure emerged from the lower part of the plot with what was then known as Plazoleta del Arroyo. This little square opens onto the adjacent vegetation, on a slope adjusted with a retaining wall. The buildings are grouped in a "U" slightly inflected in the middle so as to heighten the sense that the houses are embracing the open area. Shaded by leafy trees, in the centre is a fountain which has been kept unspoilt.

que pasaron numerosos artistas y creadores de todo el mundo. De hecho, sus plazas y restaurantes siguen hoy siendo un importante lugar de encuentro.

El núcleo original de La Virginia contaba con unas veinticinco casas, aunque seguiría expandiéndose después, ya sin la dirección artística de Donald Gray. Partía su estructura desde la zona más baja del terreno, donde se creó la bautizada entonces como Plazoleta del Arroyo. La plaza se yergue abierta hacia la vegetación circundante, sobre un desnivel que fue salvado con un muro de contención. Los edificios se agrupan conformando una "U", con una pequeña inflexión en su centro que acentúa la percepción de que las construcciones abrazan el espacio abierto. Sombreado por frondosos árboles, se alza en mitad del mismo una fuente que se conserva aún inalterada.

◀ Entrada a una vivienda cercana a la Plazoleta del Arroyo
Entrance to one of the dwellings close to the Plazoleta del Arroyo

▶ Dibujo de una de las casas de la Plazoleta del Arroyo
Drawing of one of the dwellings in the Plazoleta del Arroyo

▼ Vista de la Plazoleta del Arroyo, hoy Plaza de Antonio el Jardinero
View of the Plazoleta del Arroyo, today known as the Plaza de Antonio el Jardinero

PLAZA
DE
ANTONIO EL JARDINERO
RESTAURANTE
La Virginia
3

4

This first square is now called Plaza de Antonio el Jardinero after another of the key figures in creating the look of La Virginia: Antonio Gómez Rueda, the neighbourhood's first gardener.

The make-up and layout of the vegetation used in each public space were vital in all of Gray's projects, as his design drawings show. Each species was meticulously selected for each particular location, seeking climatic and sensory effects and always set against the neutral backdrop offered by the simple building designs. So the figure of gardener became vital in Gray's successive projects.

Esta primera plazoleta recibe hoy el nombre de Plaza de Antonio el Jardinero, en memoria de otra de las personas fundamentales en el desarrollo de la imagen de La Virginia, Antonio Gómez Rueda, quien fue su primer jardinero.

La composición y la disposición de la vegetación utilizada en cada uno de los espacios públicos constituyeron un elemento esencial en todos los proyectos de Donald Gray, tal como muestran sus propios dibujos de proyecto. Cada especie era cuidadosamente seleccionada para una ubicación concreta, buscando unos determinados efectos climáticos y perceptivos y destacándose siempre sobre los fondos neutros ofrecidos por los sencillos diseños de los edificios. La figura del jardinero iba por ello a adquirir en los sucesivos trabajos de Gray un papel principal.

◄ Vista de la parte norte del conjunto, presidida por la capilla
View of the northern part of the ensemble, presided by the chapel

► Aviario
Aviary

▼ Vista de la Calle de la Tienda
View of the Calle de la Tienda

From the first square, a cylindrical metal aviary set in the lush greenery marks a shift in the development's central axis. From here one climbs a narrow street called Calle de la Tienda which expands and contracts, forming a string of little plazas leading to Plaza de Santa Clara. This street gives onto the houses arranged on either side at various levels in step with the terrain, linked via two alleys to the parallel street at a higher level going west. The prevailing impression is of the rich green of vegetation against houses either whitewashed or lime-rendered with indigo or ochre or red earth, some of which colourings have since been replaced by their synthetic equivalents.

A partir de la primera plaza, un aviario metálico cilíndrico dispuesto entre la frondosa vegetación marca un quiebro en la dirección del eje central del conjunto. Se va ascendiendo a partir de este punto a través de una estrecha callejuela, denominada Calle de la Tienda, que se contrae y expande formando una sucesión de plazoletas que culmina en la Plaza de Santa Clara. Esta calle va dando acceso a las casas dispuestas a diferentes niveles, en función de la topografía, a ambos lados de la misma, y se conecta por dos pequeños callejones con la calle paralela que se dispone a una cota más alta hacia poniente. Domina en ella el intenso verde de la vegetación sobre las casas encaladas o revestidas combinando la cal con añil o con tierras ocres o rojizas, colores en ocasiones hoy sustituidos por sus equivalentes sintéticos.

In type, the houses are similar to those of Pueblo López, though more diverse, normally on two floors with areas of 100 to 120 m2 and two or three bedrooms, with the living area and kitchen on the ground floor and the bedrooms above. Here too all have small backyards.

In terms of construction, they are also akin to those of Pueblo López described above, though some have more elaborate doorways and more intricate wrought-iron grilles.

Las casas eran tipológicamente semejantes a las de Pueblo López, si bien más diversas, normalmente con dos plantas, con un total de entre 100 y 120 metros cuadrados y dos o tres dormitorios, con las zonas de estar y la cocina en planta baja y los dormitorios en la planta superior. Cuentan todas ellas una vez más con pequeños patios traseros.

Constructivamente son también muy semejantes a las ya descritas de Pueblo López, si bien en ocasiones incorporan composiciones de portada más elaboradas y rejerías de forja más complejas.

◄ ► Detalles de ventanas con monteras y enrejadas
Details of windows with monteras and iron work

The cobbling with which the public spaces of the original district were paved has been spoilt by subsequent works. In just a few areas is the original paving preserved, with pebbling in parallel strips. An example of this can still be seen in Plaza de Santa Clara.

El empedrado con el que originalmente se pavimentaron todos los espacios públicos del núcleo primigenio ha sido modificado en intervenciones posteriores. Sólo se conserva en algunos ámbitos en su composición primitiva, conformada por guijarros organizados en calles paralelas. Puede observarse aún esta configuración, por ejemplo, en la Plaza de Santa Clara.

Restos del empedrado original en la Plaza de Santa Clara
Remains of the original cobblestone paving in the Plaza de Santa Clara

The latter square features a chapel at the top of the ascending route, serving as a visual landmark. Though it was in the original project, its design was not finally Gray's.

As with many of these ensembles, La Virginia went on being enlarged no longer under its creator's guidance. The successive extensions have partially conserved the spirit of the original design but their compositions and details and above all their urban layout lack the meticulousness and quality of the originals. There are plans and drawings produced by Gray for a commission by Tarik Wildman in 2002 to enlarge the ensemble so that "the new blends with the old". Sadly this project did not materialise.

Esta última plaza está presidida por una capilla que sirve de coronación del recorrido ascendente y de hito visual que lo orienta. Si bien formaba parte de la concepción original, el diseño arquitectónico con el que finalmente se realizó no fue obra de Gray.

Al igual que ocurrió con muchos de estos conjuntos, La Virginia continuó siendo ampliada ya sin la guía del arquitecto. Las sucesivas ampliaciones conservaron parcialmente el espíritu del diseño original, pero a menudo sus composiciones y detalles constructivos y, sobre todo, su estructura urbana, carecen del cuidado y la calidad que presentan los primitivos. Se conservan planos y dibujos de Donald Gray realizados en respuesta a un nuevo encargo de Tarik Wildman en 2002 para ampliar el conjunto de forma que "lo nuevo se fundiera con lo antiguo". Este proyecto, desafortunadamente, no llegó a materializarse.

LAS LOMAS PUEBLO

Marbella, Málaga

Las Lomas is without doubt the most comprehensive and complex of Donald Gray's urban projects.

The American William Genske, impressed by what had been achieved at Pueblo López, decided to undertake a project that was similar but more ambitious in scale. He contacted Gray and bought some large plots at Las Lomas del Marbella Club on a little hill in countryside overlooked from a distance by the imposing outline of Pico de la

Las Lomas es sin lugar a dudas la más completa y compleja de las propuestas urbanas de Donald Gray.

El norteamericano William Genske, admirado por el resultado de lo realizado en Pueblo López, determina acometer un proyecto similar, si bien más ambicioso en cuanto a su escala. Contactó con Donald Gray y adquirió unos amplios terrenos en Las Lomas del Marbella Club, dispuestos sobre una

◀ Vista aérea de Las Lomas Pueblo desde el sureste
Aerial view of Las Lomas Pueblo from the southeast

▶ Vista de la Calle Real
View of the Calle Real

Concha. The project began in 1973 and Gray worked on it up to 1984, though it continued until 1993 with others in charge of design, except for a few houses that had already been started. From this period are the buildings at the north end of the complex, of a type and design remote from what was built before.

pequeña elevación en un paisaje dominado en la distancia por la imponente silueta del Pico de la Concha. El proyecto comenzó en 1973 y Donald Gray continuó trabajando en él hasta 1984, aunque las obras continuaron hasta 1993 ya sin él al frente de su diseño, salvo en casas puntuales que se habían comenzado previamente. A este último período corresponden los edificios del extremo norte del conjunto, tipológica y constructivamente ajenos al carácter de lo construido previamente.

◄ Planta esquemática del conjunto
Schematic floor plan of the ensemble

► Vista del Pico de la Concha desde Las Lomas Pueblo
View of the Pico de la Concha from Las Lomas Pueblo

◄ Plaza de San Miguel

Alzado de una vivienda de Las Lomas
► Elevation of a dwelling in Las Lomas

▼ Plaza de Casares

This was designed from the outset as a set of ninety dwellings, though like previous projects it was built over successive phases. Again, many houses were sold as they were completed, though here quite a few were designed for private commissions. This involved greater diversity of size and type in the homes built and adapting to the buyers' particular needs. It also meant that changes over the original design proliferated as the project went

Se proyectó desde un comienzo como un conjunto de noventa casas, aunque, como en pasadas experiencias, se fue desarrollando por fases sucesivas. Como en anteriores iniciativas, buena parte de las casas se iba vendiendo conforme se iban edificando, pero en este caso no era infrecuente tampoco el diseño de casas conforme a encargos particulares. Esta circunstancia conllevó una mayor diversidad dimensional y tipológica entre

on. Its organic growth over the years, like that of any conventional town, helped to heighten its traditional character, with its own history and evolution and even its own imperfections.

las viviendas realizadas y una mayor capacidad de adaptación a las necesidades específicas de clientes concretos. También implicó que se multiplicaran las modificaciones sobre el proyecto original a medida que éste fue desarrollándose. Su orgánico crecimiento a lo largo de los años, semejante al experimentado por cualquier núcleo urbano convencional, contribuyó a acentuar su carácter tradicional, con sus propias historia, evolución e incluso sus propias imperfecciones.

It is another dense, compact neighbourhood where the design of attractive, inviting public spaces conditions the composition of the buildings. The public realm is thus set above the private one. The idea was as in previous projects: to create a place with its own character and with which the community living there could feel a special bond. The development's scale and nature also made it possible to create mini-neighbourhoods with discrete identities within the distinct unity of the whole. As opposed to the piecemeal, disposable, ephemeral and downright individualistic spaces to be found in ordinary tourist developments, the aim was to create a place liable to generate

Una vez más se trata de un núcleo denso y compacto donde el diseño de espacios públicos atractivos y acogedores condiciona la composición de lo edificado. Se operó así dando primacía a lo público frente a lo privado. El objetivo fue idéntico al de anteriores propuestas: crear un lugar con carácter propio y con el que la comunidad que lo habitara pudiera llegar a sentir un vínculo especial. Las dimensiones y características de este desarrollo urbano permitieron además llegar a crear incluso pequeños barrios con identidades bien definidas dentro de la marcada unidad del conjunto. Frente al espacio fragmentario, desechable, transitorio y significativamente incívico propio de las

attachment and truly civic life, continuing and enduring by design.

promociones turísticas al uso, se buscaba crear un ámbito capaz de generar arraigo y de llegar a albergar auténtica vida urbana, algo permanente y duradero por su propia concepción.

◄ Vista de la Calle San Pablo desde el norte
View of the Calle San Pablo from the north

► Acceso a las viviendas de la Calle San Pablo desde el sur
Access to the dwellings in Calle San Pablo from the south

Its buildings, streets and squares are a showcase of the various manifestations of Andalusian architecture, especially that of Marbella, without ignoring the Andalusi legacy that has subsisted in parts of Andalusia and northern Morocco. In fact at this time Gray was studying Moroccan architecture widely, measuring and drawing streets, squares, buildings and construction details. The town he studied most closely was Chauen, founded by Andalusi exiles, on which he gathered extensive graphic data.

Unlike in most previous projects, Gray did not live continuously in Las Lomas as the works progressed. Instead he alternated stays at a small house there, as an on-site base, with stays in the Alpujarra. He moved to this region gradually as of 1975,

Sus edificios, calles y plazas constituyen un muestrario de diferentes manifestaciones de la arquitectura andaluza, y en especial de la de Marbella, sin dejar de lado el legado andalusí propio de la región y que ha pervivido en algunos lugares de Andalucía y del norte de Marruecos. De hecho, Gray pasó largas temporadas durante estas fechas estudiando la arquitectura de este país, midiendo y dibujando calles, plazas, edificios y detalles constructivos. La ciudad que estudió más exhaustivamente fue Chauen, ciudad originalmente fundada por exiliados andalusíes y de la que recogió abundante información gráfica.

A diferencia de lo ocurrido en la mayoría de los proyectos anteriores, Donald Gray no residió de forma continuada en Las Lomas mientras se realizaba

first to Bubión and then to Atalbéitar. As it had been for his friend and client Gerald Brenan, the Alpujarra became a refuge from the materialism that was steadily consuming the environment he worked in. The Alpujarra retained the essence of Andalusia that had fascinated him since he first arrived in these parts – precisely what he aimed to restore and preserve by offering alternative models of tourist development such as Las Lomas.

Firstly the houses and public spaces designed for the lower part of the plot were built in what would become the south-west tip of the complex. This first part was organised around the triangular Plaza de Casares, which later became an atrium for Las Lomas Pueblo. The considerable level changes in the plaza were dealt with by terracing the ground, basically dividing the space into an upper and a lower street, both rising towards the heart of the ensemble via quiet, peaceful middle platforms, free of traffic. These gave onto the buildings housing the main amenities: the communal swimming pool, bar and grocery. Also in this middle part are large palm trees forming an organic peristyle on

la obra. En lugar de ello, alternó temporadas en una pequeña casa del conjunto, que le sirvió de cobijo durante la ejecución de las obras, con estancias en La Alpujarra. A esta región fue trasladándose progresivamente desde 1975 en adelante, primero a Bubión y después a Atalbéitar. Como lo había sido antes para su amigo y cliente Gerald Brenan, La Alpujarra se convirtió en su refugio frente al materialismo que progresivamente iba devorando el entorno en el que trabajaba. Conservaba aún la esencia de Andalucía que lo había fascinado desde su llegada a aquellas tierras, precisamente aquello que buscaba restaurar y preservar al proponer modelos alternativos de desarrollo urbano turístico como Las Lomas.

Se comenzó por ejecutar las casas y espacios públicos diseñados para la zona más baja del terreno, en lo que sería el extremo sudoeste del conjunto final. Se estructuró este primer ámbito en torno a una plaza de planta triangular, la Plaza de Casares, que constituiría en adelante el atrio de acceso a las Lomas Pueblo. Las notables diferencias de cota existentes en esta plaza se salvaron

◄ Vista de la Calle las Herrizas desde el sur
View of the Calle las Herrizas from the south

► Dibujo para el proyecto de la Casa del Mirador
Drawing for the design for the Casa del Mirador

▼ Plaza de San Miguel

a layout reminiscent of Plaza de España in Vejer de la Frontera. Below this is a fountain modelled on the one in the main square of the village of Casares, also in Málaga province. That square also gave Gray a key reference for the arrangement of this space. The houses at the south end stand at a higher level and are accessed through a nice little alley running along an embankment parallel to the street.

organizándola en terrazas sucesivas, básicamente dividiendo el espacio en una calle alta y una calle baja, ambas ascendentes hacia el corazón del conjunto, y unas plataformas intermedias de carácter estático y reposado, al quedar libres de circulaciones. Desde estas últimas se accedía a los edificios que albergaban los principales servicios: la piscina comunitaria, el bar y el colmado. También en esta zona intermedia se alzan altas palmeras que conforman una suerte de peristilo de bienvenida, con una configuración semejante a la de la Plaza de España de Vejer de la Frontera. Bajo ellas, situó una fuente que toma como modelo la existente en la plaza principal del propio pueblo de Casares, también en la provincia de Málaga. Esta plaza ofreció además a Donald Gray la referencia fundamental de cómo dar solución a este espacio. Las casas de su extremo meridional se sitúan a una cota más alta y los accesos a ellas se resuelven a través de un atractivo callejón que discurre sobre un talud en paralelo a la calle.

◄ Vista de la Plaza de Casares desde la parte alta de la Calle San Pablo
View of the Plaza de Casares from the top part the Calle San Pablo

► Dibujos para el proyecto inicial de la primera fase de Las Lomas Pueblos y de una de una de las viviendas
Drawings for the original design for the first phase of Las Lomas Pueblo and of one of the dwellings

▼ Vista del conjunto desde el noroeste
View of the ensemble from the northwest

The look of the area centred around the communal pool evolved with the successive designs. It is accessed either from Plaza de Casares or through a series of arches opening onto it from various alleys ascending or descending from the adjoining streets. The pool, by which one of the early designs placed a greenhouse, was finished with a slender brick arcade supported by pillars and attached to a house known as Casa de la Mora. Opened

El núcleo que alberga en su corazón la piscina común fue cambiando de imagen en los sucesivos diseños realizados. A él se accede, además de desde la Plaza de Casares, a través de arcos que se abren desde distintas callejuelas que trepan o descienden desde las calles cercanas. La piscina, junto a la que aparece proyectado un invernadero en los primeros diseños para esta zona, se remató con una esbelta arquería de ladrillo soportada por columnas y

in this house's walls is a vantage point over the area, giving it the look of a traditional Andalusi pleasure court.

From this first development, starting from the two axes defining the divergent routes setting out from the main entrance to Las Lomas, two areas of slightly different character emerge: an upper quarter, where the terrain is more abrupt and the layout becomes more complex and intricate, founded on a series of platforms interlinked by multiple shady alleys; and a lower quarter arranged along a slightly ascending (or almost level) route linking a near-linear sequence of streets and

conectada a una casa que fue bautizada como Casa de la Mora. En los muros de esta casa se abre un mirador que domina este espacio, dotando a este ámbito de una imagen propia de un patio de recreo de tradición andalusí.

Desde este primer desarrollo, y partiendo de los dos ejes que definen las vías divergentes que arrancan desde el acceso principal a Las Lomas Pueblo, parecen conformarse dos zonas de carácter ligeramente diferenciado: un barrio alto, en el que la topografía es más accidentada y el trazado urbano se vuelve más complejo e intrincado, cimentado en una serie de plataformas interconectadas por

◄ Diseño inicial de la zona de la piscina comunitaria y el invernadero, 1973
Original design of the area where the community swimming pool and greenhouse were located, 1973

► Diseño para una cancela
Design for a wrought iron gate

► Dibujo de la Casa de la Mora desde la piscina
Drawing of the Casa de la Mora from the swimming pool

▼ Diseño para la puerta del patio de la Casa de la Mora
Design for the door opening towards the patio of the Casa de la Mora

▼ Detalle de una cubierta
Detail of a roof

CASA DE LA MORA - PUERTA DEL PATIO

squares that successively expand and contract the public domain. The two quarters are interwoven by a dense network of alleys climbing the existing slope in various directions from the bottom of the valley to the upper levels.

múltiples y sombreadas callejuelas; y un barrio bajo, que se despliega a lo largo de un recorrido ligeramente ascendente y por momentos casi llano y que permite articular una secuencia prácticamente lineal de calles y plazas que sucesivamente van comprimiendo y expandiendo el espacio. Ambos quedan cosidos por una tupida red de callejones que, salvando el desnivel existente, trepan en distintas direcciones desde el fondo de la vaguada hacia las plataformas superiores.

◄ Viviendas en la parte baja de la Plaza de Casares
Dwellings located on the lower part of the Plaza de Casares

► Plazuela de la Luna
Plazuela de la Luna

▼ Callejones cubiertos que conectan la Plaza de Chauen y la plazoleta que la precede con el resto del conjunto
Covered small narrow streets which connect the Plaza de Chauen and the small square which precedes it with the rest of the ensemble

The main urban space in the lower area is Plaza de San Miguel. One reaches it through a string of twists and dilations in a thoroughfare that is one of Gray's most felicitous urban compositions. It is a sequence where buildings and greenery are constantly the frame and backdrop for successive scenes of such beauty that they make this route a daily visual treat for residents. The use of little

El principal espacio urbano de la zona baja es la Plaza de San Miguel. Se llega a ella a través de una sucesión de inflexiones y distensiones del espacio público, una de las más felices composiciones urbanas creadas por Gray. Se trata de una secuencia donde edificios y vegetación son permanentemente marco y fondo de sucesivas estampas de tal belleza que convierten este recorrido en un placer estético

shifts of direction and alignment to give the street a domestic feel, as was first done in Pueblo López, reaches a degree of perfection in Las Lomas that allows us to rank Donald Gray as one of the great contemporary masters of urban space design. His school was historic towns and he had mastered their essential lessons.

diario para los habitantes del conjunto. El recurso a pequeños cambios de dirección y alineación, ensayados por vez primera en Pueblo López para dotar de carácter doméstico a la vía pública, adquirió en el diseño de Las Lomas una perfección tal permite considerar a Donald Gray uno de los más grandes maestros contemporáneos en el diseño del espacio urbano. Su escuela había sido la ciudad histórica y había llegado a dominar sus más importantes lecciones.

◄ Alzado de la Casa Bryan en la Plaza del Sol
Elevation of the Casa Bryan in the Plaza del Sol

► Calle San Bernabé con la Plaza de San Miguel al fondo
Calle San Bernabé with the Plaza de San Miguel in the background

As to the higher part, its web of narrow streets, threading an arch or rounding a corner, give unexpectedly here and there onto the various squares and plazas that structure it: the inviting Plaza de Sevilla, where the neighbourhood seems to start, Plaza de Chauen, the oblong Plazuela de la Luna, the broad and sunny Plaza del Sol, Plaza de la Cruz – a whole range of magnificent public spaces diverse in spatial configuration, in the architecture delimiting them, in how their constituent parts are laid out, in how they are approached and in the character and functionality all this bestows. The names chosen are pointers to where Gray found compositional prototypes for such places, from Seville's Barrio de Santa Cruz to

En cuanto al barrio situado en las cotas más altas, su maraña de estrechas calles desemboca por sorpresa aquí y allá, tras atravesar un arco o doblar un recodo, en una serie de plazas y plazuelas que lo van estructurando: la acogedora Plaza de Sevilla, de la que parece arrancar este barrio, la Plaza de Chauen, la oblonga Plazuela de la Luna, la amplia y soleada Plaza del Sol, la Plaza de la Cruz..., todo un catálogo de magníficos espacios públicos diversos en su configuración espacial, en la arquitectura que los envuelve, en la distribución de los elementos que los componen, en la forma de acceder a ellos y en el carácter y el funcionamiento que todo ello les proporciona. Los nombres elegidos para estos lugares son ilustrativos para comprender de dónde obtuvo

◄ Vista de la Plaza de Chauen
View of the Plaza de Chauen

► Alzado de una de las casas de la Plaza de Chauen
Elevation of one of the dwellings in the Plaza de Chauen

the town of Chauen, whose Andalusi architecture he took as a reference in the design of the plaza of the same name.

The garages were sited by the perimeter access roads in such a way that, with the slope and the greenery, motor traffic was kept almost out of view and the built area became all but a pedestrian precinct, though its main streets are designed to let through cars.

Gray los prototipos compositivos para crear espacios de esta naturaleza, desde el sevillano Barrio de Santa Cruz hasta la propia Chauen, cuya arquitectura andalusí se tomó además como referencia para el diseño de la plaza de dicho nombre.

Los garajes fueron dispuestos junto a vías de acceso perimetrales que, aprovechando los desniveles existentes y la densa vegetación, permiten hacer desaparecer de la vista casi por completo el tráfico rodado y convertir la zona edificada en un espacio prácticamente peatonal, si bien está concebido para posibilitar la circulación de automóviles por sus principales calles.

The higher part of Las Lomas also abounds in unique dwellings with exquisite courtyards and bay windows for which Gray designed everything down to the smallest details of their elaborate joinery, grilles and plasterwork, with plenty of timber trusses and vaulted roofing.

En la parte alta de Las Lomas abundan además las casas singulares, con patios y miradores de gran belleza, para las que Donald Gray diseñó hasta el último detalle de sus elaboradas carpinterías, rejerías y yeserías, y donde donde no faltan armaduras de madera o espacios abovedados.

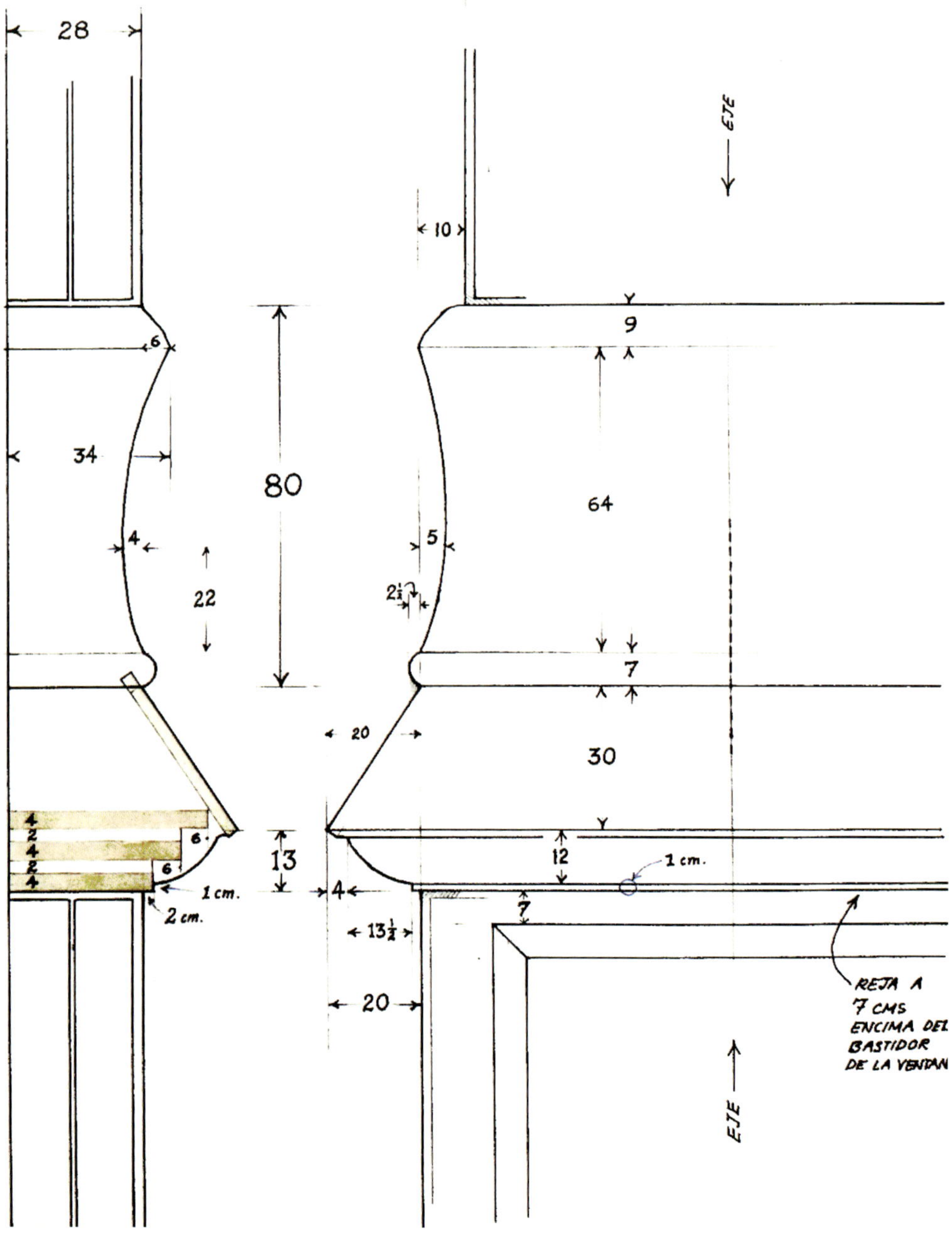

◄ ► Detalles constructivos acotados de dos ventanas
Dimension drawing for the constructive details of two windows

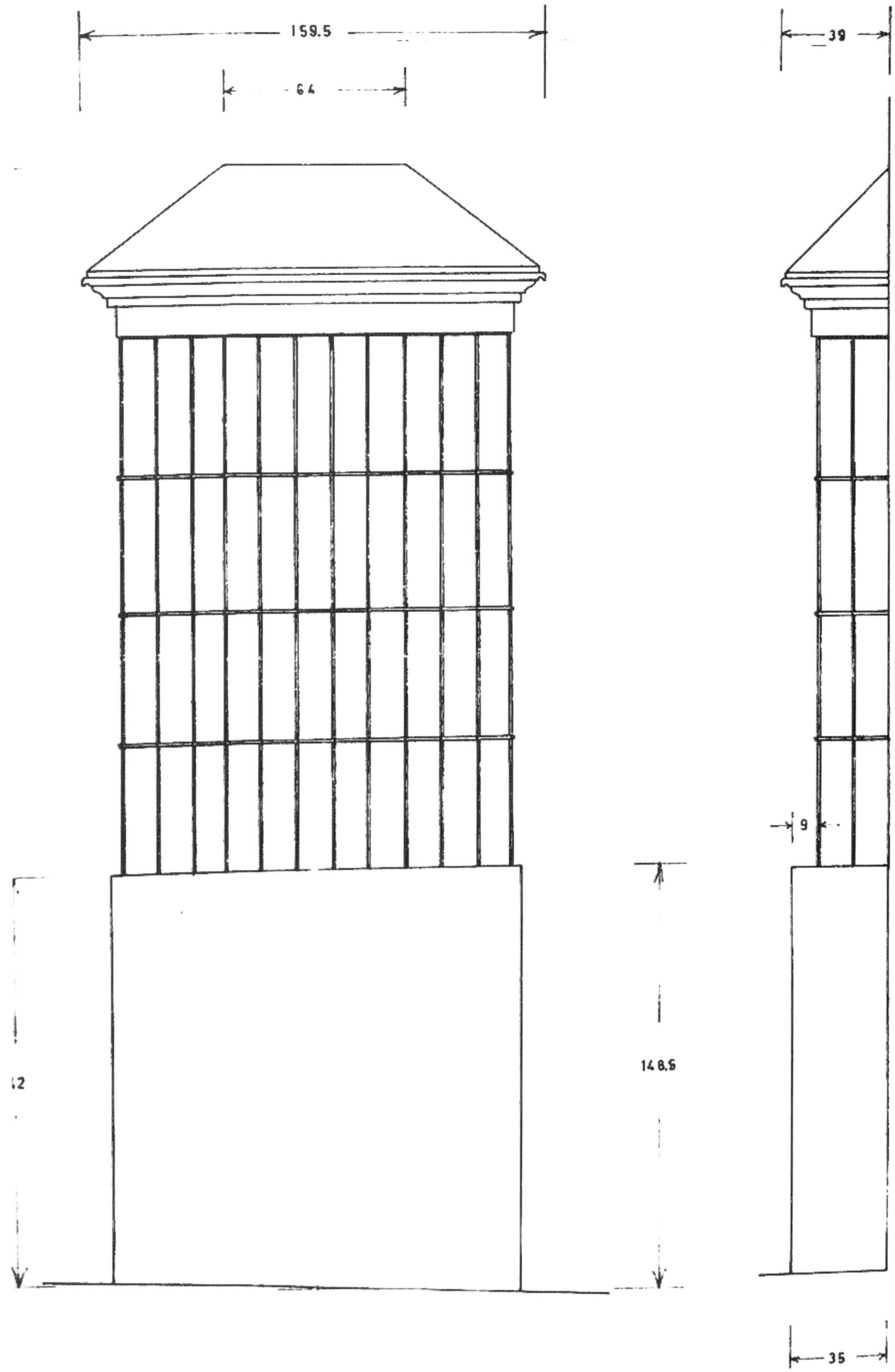
159.5
64
39
9
148.5
35

Ventanas con celosías decoradas con yeserías en la Casa Morisca
Windows with plaster latticeworks in the Casa Morisca

For the house called Casa Morisca, one of the finest and largest in the ensemble, Gray took as models the Moorish palaces of Granada. In his designs for it he noted down some of these references, such as Dar al-Horra or Casa del Chapiz. The house stands just above Plazuela de la Luna and is arranged around a courtyard with thoroughly Granadan woodwork, and at the back it opens through vaulted rooms onto a pool and a scenic vantage point. Its bifora windows arranged either side of central partitions and windows latticed with meticulous plasterwork filter a view full of the rich greenery that flourishes throughout the ensemble.

Para la llamada Casa Morisca, una de las más ricas y amplias del conjunto, Gray tomó como modelo los palacios moriscos granadinos. Él mismo apuntó en sus diseños para el edificio algunas de sus referencias, como Dar al-Horra o la Casa del Chapiz. Se alza inmediatamente por encima de la Plazuela de la Luna. Organizada en torno a un patio central con estructura de carpintería plenamente granadina, la casa se abre a través de unos salones abovedados en su parte posterior hacia una alberca y un bonito mirador. Sus ventanas geminadas enmarcadas por cuidadas yeserías recortan una imagen exterior dominada por el intenso verde de la frondosa vegetación que puebla el conjunto.

◀ Alzado principal de la Casa Morisca
Main elevation of the Casa Morisca

▶ Salón de la Casa Morisca
Living room of the Casa Morisca

▼ Vistas del patio central de la Casa Morisca desde las diferentes espacios de la casa
View of the central courtyard of the Casa Morisca from the different spaces of the dwelling

▼ Conexiones visuales de tradición hispano-musulmana entre los diversos espacios interiores de la Casa Morisca
Visual connections of Spanish-Muslim tradition between the different interior spaces of the Casa Morisca

The design of Casa Bryan, whose main façade presides over Plaza del Sol, also includes details of Moorish tradition. It consists of several independent volumes leaving space for various courtyards. Its main rooms have coffered ceilings and traditional timber trusses. The chief courtyard, with a central pool, stands on a platform overlooking the surrounding countryside, framed by delicate wooden lattice arches connecting two turrets.

El diseño de la Casa Bryan, cuyo alzado principal preside la Plaza del Sol, muestra también elementos de tradición hispano-musulmana. Está conformada por varios volúmenes independientes que permiten conformar distintos patios. Sus estancias principales se cubren con artesonados y armaduras de cubierta tradicionales. Su patio principal, con una alberca central, se yergue sobre una plataforma desde la que se domina el paisaje circundante, que queda enmarcado por una delicada arquería de madera en celosía que conecta dos pequeños torreones.

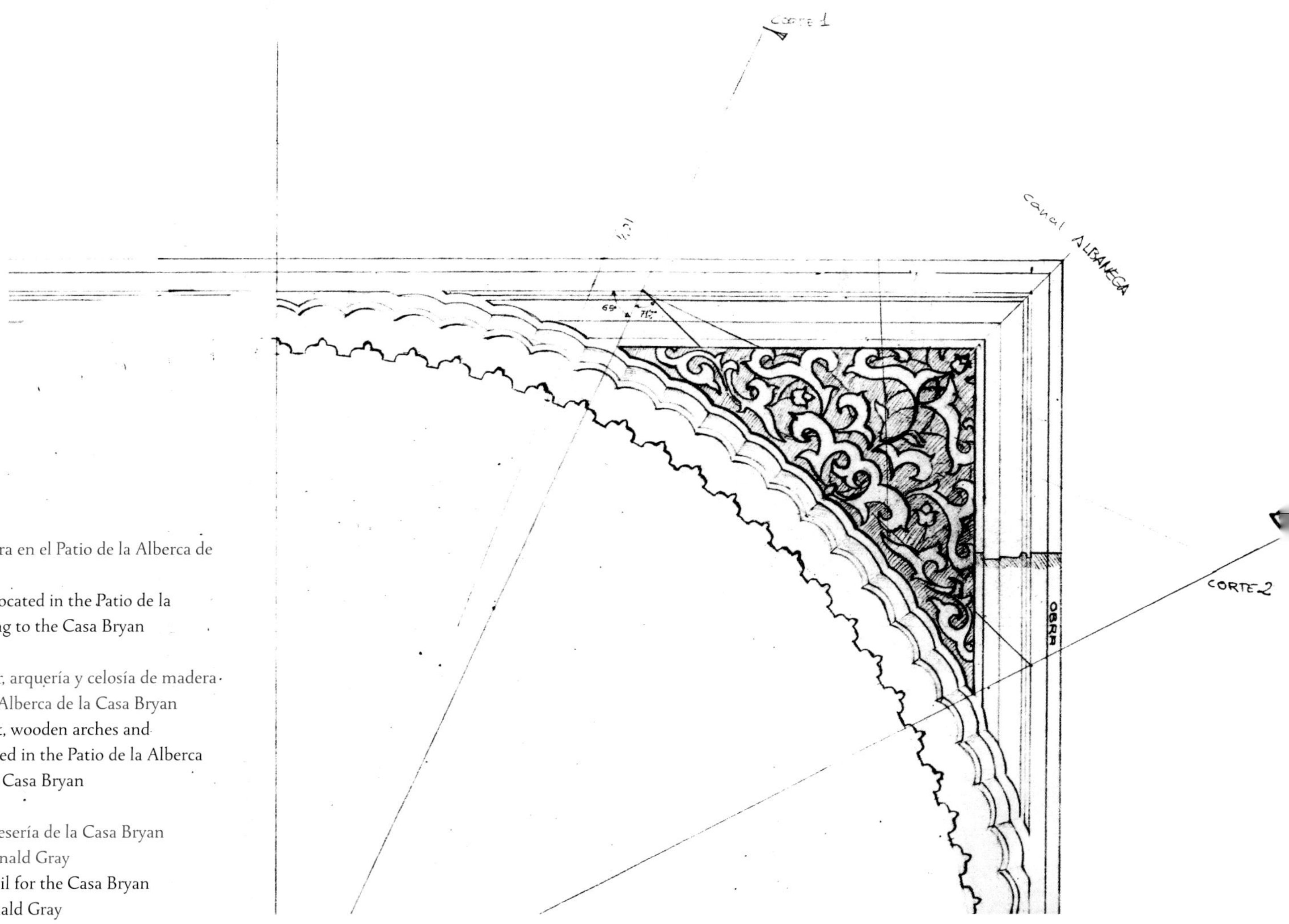

◄ Celosía de madera en el Patio de la Alberca de la Casa Bryan
Wooden lattice located in the Patio de la Alberca belonging to the Casa Bryan

◄ Torreón-mirador, arquería y celosía de madera en el Patio de la Alberca de la Casa Bryan
Tower-viewpoint, wooden arches and latticework located in the Patio de la Alberca belonging to the Casa Bryan

► Detalle de una yesería de la Casa Bryan diseñada por Donald Gray
Plasterwork detail for the Casa Bryan designed by Donald Gray

◄ Arquerías en los patios de la Casa Genske
Arcades of the patios of the Casa Genske

► Detalle de un pie derecho y su zapata en el patio de la Casa Morisca
Detail of a wooden post and its zapata in the courtyard of the Casa Morisca

Sylvia and Bill Genske themselves commissioned Donald Gray to design a house for a plot to the west of Las Lomas Pueblo which was built later, in 1988-91, and for which coffered wooden ceilings were made at the Lebrija craft school, by then already working. From its main volume, various arcades set out to embrace interlinked courtyards. The large house just to the north-west, called San Bernabé in Gray's drawings, is laid out along an ascending line from a first open courtyard by a block of guest quarters to a second enclosed court at the heart of the main volume of the house.

Los propios Sylvia y Bill Genske encargaron a Donald Gray una casa en un terreno situado al oeste del núcleo de Las Lomas Pueblo, realizada más adelante, entre 1988 y 1991, y para la que se realizaron varios artesonados en la Escuela-Taller de Lebrija, que estaba ya en funcionamiento en aquellos años. De su volumen principal parten varios tramos de arquerías que abrazan varios patios interconectados. La gran casa situada inmediatamente al noroeste de ésta, denominada San Bernabé en los dibujos de Gray, se despliega a lo largo de un eje en un recorrido ascendente que pasa de un primer patio más abierto, junto al que se sitúa un volumen destinado a los huéspedes, a un patio cerrado situado en el corazón del volumen principal de la vivienda.

Nearly every house in Las Lomas has its own little yard: normally a shady spot enlivened by the babble of water trickling from the fountains that Gray designed for most of them, always one-off in design.

Garden design is again vital. Gray put a degree of care into selecting and siting the species in each composition that may be illustrated with an anecdote. In a visit we made with him to

Prácticamente todas las casas de Las Lomas cuentan con su pequeño patio particular, generalmente espacios muy sombreados, alegrados por el sonido del agua que vierten las fuentes que Gray diseñó para la mayoría de ellos, todas ellas únicas en su traza.

La jardinería desempeña una vez más un papel protagonista. Gray atendía a la selección y ubicación de cada especie. Sirva la siguiente anécdota para

◄ Fuente de la Plaza Sevilla
Fountain located in the Plaza Sevilla

◄ Fuente de la Plaza Casares
Fountain located in the Plaza Casares

► Dibujo de proyecto para la fuente de la entrada
Fountain located at the entrance of the ensemble

► Fuente en la Casa Morisca
Fountain located in the Casa Morisca

► Fuente en la entrada del conjunto
Drawing of the fountain located at the entrance

Las Lomas in August 2015, he remarked with surprise on the position of the trees in Plaza de Chauen, and later, on coming across one of the gardeners who had now worked there for decades, he inquired about this – to be told that they had indeed had to transplant a tree to make room for a resident's outsize car.

As to construction, the techniques used in Las Lomas are much like those of La Virginia and Pueblo López, with masonry bearing walls and timber floor and roof frames. But at Las Lomas there are many unique building designs, not just those made for commissions. The brick doorways

ilustrar lo estudiada que estaba su composición: en una visita con él a Las Lomas en agosto de 2015 mostró extrañeza al observar la posición del arbolado de la Plaza de Chauen. Poco después, al encontrarse a uno de los jardineros que habían trabajado allí durante ya varias décadas y preguntarle por ello, éste explicó que efectivamente habían tenido que hacer un trasplante al tener uno de los vecinos de ese entorno un automóvil demasiado grande para ese espacio.

Respecto a la construcción, las técnicas utilizadas en Las Lomas son muy semejantes a las de La Virginia y Pueblo López, con los muros de carga en

◄ Balcón de forja
Forged iron balcony

► Ventana con montera
Window with montera

are often more elaborate than in previous projects, executed in a range of designs. There are also town-house features such as large balconies or wooden verandas. As to the finishes, the interiors are largely paved with traditional clay tiles from Ronda and the yards are usually cobbled. The walls are rendered with limewash or lime and sand mortars giving them earthy or ochre hues. Indigo

fábrica y las estructuras de forjados y cubiertas en madera. Sin embargo, abundan en Las Lomas los diseños singulares para distintos edificios, y no sólo en aquellos realizados por encargo. Son comunes las portadas en ladrillo más elaboradas que en proyectos precedentes, desplegándose todo un catálogo de soluciones para las mismas. También aparecen detalles de carácter más urbano, como

◄ ► Catálogo de portadas de acceso a viviendas
Catalogue of portals of dwellings

is also present, especially – naturally – around Plaza de Chauen. Many of these colours have since been replaced by synthetic reds, yellows and blues as sold and used anywhere and whose lack of connection with place particularly distressed Gray.

los amplios balcones o las galerías de madera. En cuanto a los acabados, los pavimentos interiores suelen estar realizados con baldosas de barro tradicionales traídas desde Ronda y los de los patios, empedrados. Los revestimientos exteriores son encalados o morteros de cal y arena que les confieren colores terrosos o alberos. También está presente el añil, en especial, como no podía ser de otro modo, en el entorno de la Plaza de Chauen. Muchos de estos colores han sido hoy reemplazados por los rojos, amarillos y azules sintéticos que se comercializan y utilizan a nivel global y cuya falta de relación con el lugar disgustaba particularmente a Gray.

◀ Ventana enrejada en la Plaza de Chauen
Window with a wrought iron grille in the Plaza de Chauen

▶ Detalle del pavimento cerámico en el patio de la Casa Morisca
Detail of the clay tiles paving in the courtyard of the Casa Morisca

▼ Detalle de los balcones de una de las casas de la Plaza de San Miguel
Detail of the balconies of one of the houses in the Plaza de San Miguel

▼ Catálogo de ventanas de Las Lomas Pueblo
Catalogue of windows in Las Lomas Pueblo

Plaza de
San Miguel

But generally the ensemble is remarkably well preserved, as would have been impossible without the residents' commitment to conserving its character.

En general, sin embargo, es notorio el buen estado de conservación del conjunto, lo cual habría sido imposible sin el compromiso de los vecinos con el mantenimiento de su carácter.

◄ Remate de muro para salvar el desnivel existente
Crowning element of a wall to solve the existing differences in level

► Detalle de una cubierta con chimenea
Detail of a rooftop with a chimney

▼ Cornisa de ladrillo y teja
Brick and tile cornice

PUEBLO NUEVO

Mijas, Málaga

Nuevo Pueblo de Mijas was developed by a builder from the town of Mijas who contacted Donald Gray as he was still working on Las Lomas Pueblo. Gray worked at Mijas from 1981 to 1983, though the works went on until at least 1987. Once again the last buildings of the complex (those to the north-west) were built without his supervision.

El Nuevo Pueblo de Mijas fue promovido por un constructor de la propia Mijas, quien contactó con Donald Gray mientras éste continuaba trabajando para Las Lomas Pueblo. Gray trabajó allí entre 1981 y 1983, si bien las obras continuaron al menos hasta 1987. Una vez más los últimos edificios del conjunto, los situados al noroeste, se construyeron ya sin su supervisión.

◄ Vista de Pueblo Nuevo desde el noreste
View of Pueblo Nuevo from the north-east

► Calle Fuengirola

In the design for Mijas he sought to recover the town's architectural and urban tradition which had been fading in the recent developments but which was (and still is) quite well preserved in the historic centre. The plot is roughly level with that centre, by the eastern continuation of the line approaching Plaza de la Constitución along Calle Málaga. As in much of the town, there are sharp level changes, with the ensemble sloping down to the south-east. Its structure allows for this as has been done for centuries in Mijas: with terraces at successive levels and building fronts and main

En el diseño realizado para Mijas se buscaba recuperar la tradición arquitectónica y urbanística del pueblo de Mijas, que se había ido desdibujando en los recientes desarrollos urbanos realizados pero que se conservaba y conserva en bastante buen estado en su centro histórico. El terreno se sitúa aproximadamente a la misma cota que el núcleo histórico de la localidad, junto a la prolongación hacia oriente del eje que conduce hacia la Plaza de la Constitución por la Calle Málaga. Como ocurre en buena parte del casco urbano, el conjunto salva un fuerte desnivel, con la pendiente descendiendo

◄ Planta esquemática de Pueblo Nuevo
Schematic floor plan of Pueblo Nuevo

► Vista de la Calle Alta hacia el Noreste
View of Calle Alta towards the north-east

▼ Calle Fuengirola

streets aligned perpendicular to the slope, and with blocks stretching the same way, each accessed at different levels from the upper and lower streets. These relatively level or gently sloping main streets are also interwoven by a series of steep alleys connecting the two tiers.

hacia el sureste. La estructura urbana va a responder a esta circunstancia tal como se había hecho durante siglos en Mijas: aterrazando en planos sucesivos, con alineaciones de edificios y calles principales dispuestas en perpendicular a la pendiente y con manzanas que se alargan en esa dirección y a las que se accede a distinta cota desde las calles superior e inferior a cada una de ellas. Estos ejes principales relativamente llanos o con suaves inclinaciones quedan además interconectados por una serie de callejuelas de gran pendiente que conectan uno y otro nivel.

CONTADOR
LLAVE DE PASO

In the lower part of Nuevo Pueblo, where Gray's design was followed, the ensemble revolves around what is not a mere linear street but again a magnificent sequence of diverse spaces, each with its own form and character. The street twists and turns at various points, generating changing visual backgrounds, and connects a series of squares and plazas alternately revealing or concealing the vista generated by the steep slope.

En la zona baja del Nuevo Pueblo, en la que se siguieron las directrices del diseño de Gray, el eje que la articula no es una sencilla calle lineal, sino que una vez más se trata de una magnífica secuencia de espacios diversos con dimensiones y carácter propios. Esta calle no sólo se quiebra y curva en diversos puntos, generando cambiantes fondos perspectivos, sino que conecta una serie de plazas y plazoletas que alternativamente se abren o cierran hacia las vistas que ofrecía el acusado desnivel.

◄ Entorno de la Plaza de los Naranjos
Surroundings of the Plaza de los Naranjos

► Callejón que asciende hasta la piscina comunitaria
Ascending narrow street which reaches the common swimming pool

◄ Calle Fuengirola, con la Plaza de los Plátanos al fondo
Calle Fuengirola, with the Plaza de los Plátanos in the background

► Maqueta de proyecto realizada por Donald Gray
Model of the project carried out by Donald Gray

▼ Vista aérea del conjunto urbano de Pueblo Nuevo de Mijas
Aerial view of the urban ensemble of Pueblo Nuevo de Mijas

Here Gray worked, as in other projects, with elaborate paper models allowing him to shape the complex to suit the terrain. The pictures we still have of these show how the top part of Nuevo Pueblo, if it had been completed to his design, would have had a similar spatial richness. But the top part was completed in a more linear and repetitive way, organised over two distinct platforms.

Donald Gray trabajó en esta ocasión, como en otros proyectos, sobre elaboradas maquetas de papel que le permitían moldear el espacio partiendo de la propia topografía del lugar. Las imágenes que de ellas se conservan permiten observar cómo también la zona alta, de haberse ejecutado al completo según su diseño, habría gozado de semejante riqueza espacial. Por el contrario, tal como se terminó este barrio alto, su composición es más lineal y repetitiva, organizada en dos plataformas distintas.

◄ Calle de En medio
Calle de Enmedio

► Alzado de una vivienda en la Plaza de los Plátanos
Elevation of a dwelling located in the Plaza de los Plátanos

Most of the houses have a small courtyard, with a few exceptions notably among those astride the slope down to the avenue just below the ensemble. These also have ground-floor retail premises giving onto the avenue, with two restaurants. And the drop over which Plaza de las Acacias opens onto the countryside is taken advantage of with a monumental fountain sited at the same level as the shops, though it has since been disfigured with a coating giving it a ridiculous kitsch look. The

La mayoría de las casas cuentan con un pequeño patio, si bien hay también varios edificios que carecen de él, especialmente entre los que salvan el desnivel con la avenida situada inmediatamente por debajo de este conjunto. Estos últimos cuentan además con bajos comerciales que se abren a dicha avenida, entre los que se encuentran dos restaurantes. Además, el desnivel sobre el que se abre al paisaje la Plaza de las Acacias se aprovecha para colocar una fuente monumental a la misma

house sizes are variable, generally with 80 to 120 m2 and two or three bedrooms, on models akin to those tried and tested in previous projects. As of the initial design the ensemble had a communal swimming pool at its heart.

cota que los comercios existentes, aunque hoy ha sido desfigurada con un artificioso revestimiento que le confiere un ridículo aspecto kitsch. Las dimensiones de las viviendas son variables, teniendo entre lo general entre 80 y 120 metros cuadrados y contando con dos o tres dormitorios, según modelos similares a los ya ensayados en anteriores proyectos. El conjunto contaba desde su concepción original con una piscina comunitaria situada en el corazón del conjunto.

As to the construction systems used in Nuevo Pueblo de Mijas, these are much like those of earlier projects. Vegetation and fountains are used again to enrich public spaces and especially the visual backdrops of the various routes about the ensemble. For street pavings this time Gray used handcrafted clay tiles.

Respecto a los sistemas constructivos utilizados en el Nuevo Pueblo de Mijas, son básicamente análogos a los ya expuestos en proyectos anteriores. La vegetación y las fuentes se utilizaron una vez más para enriquecer los espacios públicos y especialmente los fondos visuales de los diversos recorridos del conjunto. Para los pavimentos de las calles se utilizaron en esta ocasión baldosas de barro artesanales.

◄ ► ▼ Catálogo de detalles de ventanas con monteras
Catalogue of details of windows with monteras

Today the buildings are nicely preserved, but less so the details and finishes of the various communal areas and features. Plaza de los Naranjos and Plaza de los Plátanos and especially the pool have been much altered, with additions straying from the craft simplicity and purity of Donald Gray's work. Others remain unspoilt, such as Plaza de las Acacias, with the fountain still featuring just as Gray intended.

El estado de conservación de sus edificios es a día de hoy excelente, no ocurriendo lo mismo con los detalles y acabados de diversos espacios y elementos comunes. Las plazas de los Naranjos y de los Plátanos y especialmente la zona de la piscina presentan notables alteraciones, con añadidos que se alejan de la sencillez y la pureza artesanal de las obras de Donald Gray. Otras permanecen inalteradas, como la Plaza de las Acacias, conservándose incluso la fuente que la preside exactamente tal como la diseñara Gray.

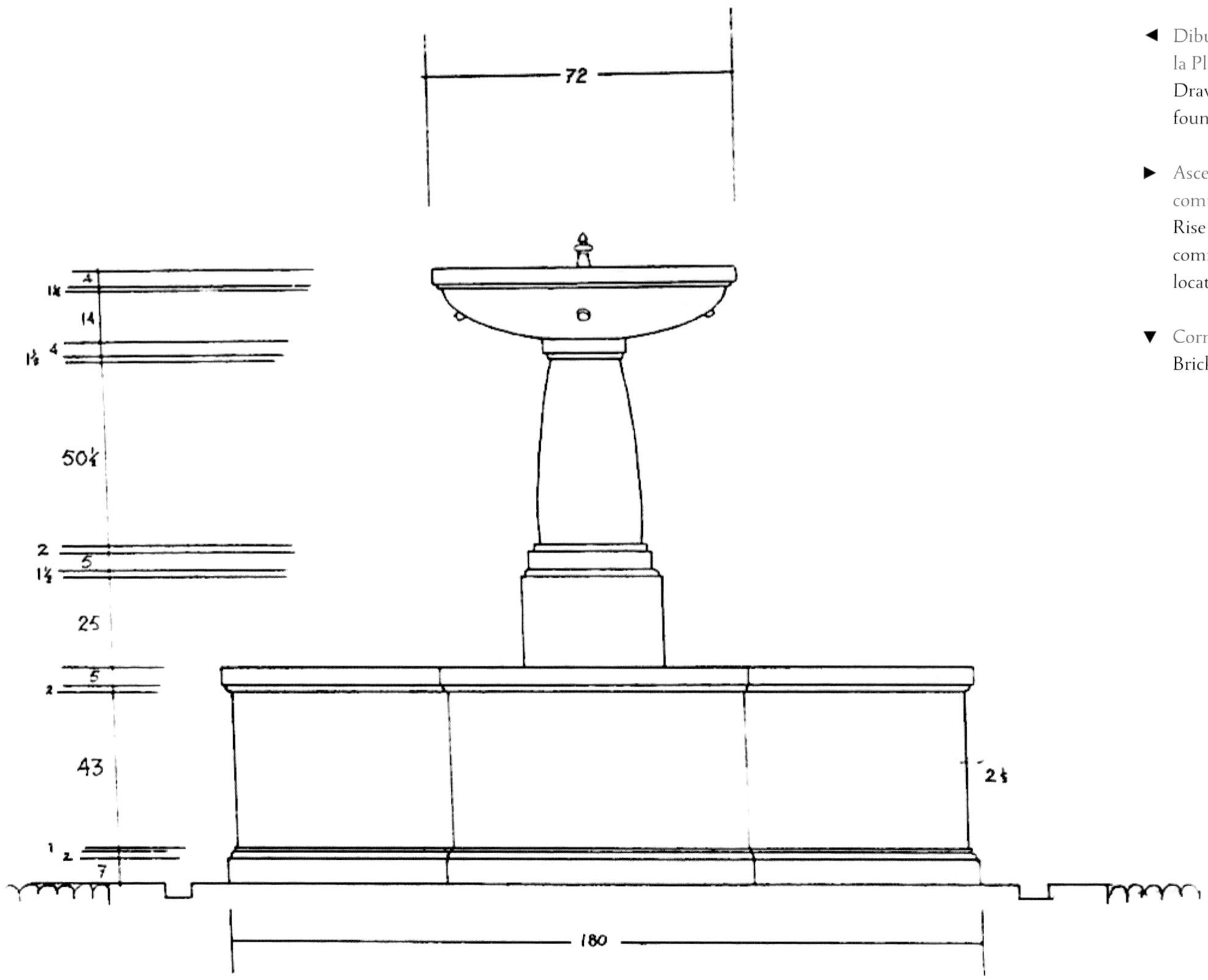

◄ Dibujo de proyecto de la fuente de la Plaza de las Acacias
Drawing of the design of the fountain in the Plaza de las Acacias

► Ascenso hacia la zona de la piscina comunitaria
Rise towards the area where the community swimming pool is located

▼ Cornisa de ladrillo y teja
Brick and tile cornice

NOTES

1 The "discovery" of Egypt by Napoleon was key to the emergence of the architectural and decorative movement known as "Empire Style". Napoleon's favourite architects, Charles Percier and Pierre-François-Leonard Fontaine, propagated a neoclassical language of Greco-Roman inspiration with Egyptian elements that appealed to the Emperor. It is this synthesis of motifs and forms which was first introduced in France and later in other European countries and even the US.

If Egypt was, for Napoleon and adherents to the Empire Style, a repository of dreams and exoticism, something similar occurred when Greece became independent of the Ottoman Empire. The involvement of the English poet Lord Byron in defending the country was key to the adoration of the Greek world, for Lord Byron was one of the leading European Romantics.

2 It was with the rise of Romanticism, after the Napoleonic Wars, that the various regional identities came to be appreciated, prompting an interest in cultures seen as exotic. Also influential were the narratives of poets, writers and travellers, with stories such as *One Thousand and One Nights* translated into French and English.

3 It took several years for Spain to re-join the Western community of nations. As the Spanish Civil War ended in 1939, the Second World War began; then in 1945, after the Potsdam and Yalta Conferences, Europe was partitioned with two opposing fronts: the Western allies and the Soviet bloc.

As early as 1944 various international institutions arose with the Bretton Woods Agreements and the creation of the World Bank and International Monetary Fund, with the United Nations being established in 1945. But it was when NATO was set up in 1949 with the onset of the Cold War between the two blocs that the United States took an interest in the geostrategic position of Spain, leading to the signing in 1953 of a Cooperation Agreement between Spain and the US.

Spain had suffered international isolation since the end of its Civil War and needed to escape that predicament, and there was a general wish among the public and intellectuals to take part in the international community again like any other nation.

NOTAS

1. El "descubrimiento" de Egipto por Napoleón fue determinante en la generación de un estilo arquitectónico y decorativo como es el "Estilo Imperio". Sus arquitectos favoritos, Charles Percier y Pierre-François-Leonard Fontaine, incorporaron al lenguaje neoclásico de inspiración griega y romana, elementos egipcios que agradaban al emperador. Es esa síntesis de motivos y formas la que se implantó, primero en Francia, y luego en otros países de Europa, e incluso en los Estados Unidos.

Si Egipto supuso para Napoleón y los seguidores del estilo imperio un auténtico repertorio de ensoñaciones y exotismo, algo similar ocurrió con motivo de la independencia de Grecia del imperio otomano. La participación del escritor inglés Lord Byron en defensa de ese país, jugó un papel determinante en la exaltación del mundo griego. Y ello porque Lord Byron, era uno de los más importantes representantes del romanticismo en Europa.

2. Es con el auge del romanticismo, tras las guerras napoleónicas, cuando se ponen en valor las diferentes identidades de las regiones, y cuando se desencadena un interés por las culturas que se aparecen como más exóticas. Influyen en ello las narraciones de poetas y escritores, y los viajes. Así, por ejemplo, los relatos como "Las mil y una noches" traducidos al francés y al inglés.

3. La incorporación de España a los círculos internacionales occidentales llevó varios años. Acabada la Guerra Civil en 1939, comenzó, ese mismo año, la Segunda Guerra Mundial; al final de la misma, en 1945, tras las Conferencias de Potsdam y Yalta, se produjo la partición de Europa, y en última instancia la creación de dos bloques contrapuestos: las potencias aliadas occidentales y la Unión Soviética.

Ya en 1944, se gestaron determinadas instituciones de rango internacional en los Acuerdos de Bretton Woods (1944), creándose el Banco Mundial y el Fondo Monetario Internacional. Luego vino la creación de la ONU en 1945. Con el inicio de la Guerra Fría entre los dos bloques, se creó la OTAN en 1949, y es entonces cuando los Estados Unidos mostraron interés por la situación geoestratégica de España. Esto condujo a la firma, en 1953, de un Acuerdo de Cooperación entre España y los Estados Unidos.

España, que había sufrido un aislacionismo internacional desde el fin de la Guerra Civil, necesitaba superar tal situación. Existía la voluntad del público, y de los intelectuales, de volver a participar en el desarrollo de los acontecimientos internacionales como un país más.

So 1959 marked a shift in the regime's policy, as the Falangists left power and were replaced by technocrats with liberal policies. In that year President Dwight Eisenhower visited Spain in what was a largely conventional milestone, but Spain from then may be said to have re-joined the Western community, starting on a period of some fifteen years of economic growth up to the oil shock of 1973.

En 1959 se produjo un ajuste en la política del régimen. Salieron los falangistas del poder y entraron los tecnócratas, defensores de una política liberal. Es en ese año, cuando Dwight Eisenhower, presidente de los Estados Unidos, visitó España. Podemos decir, aun siendo en muchos sentidos un hito convencional, que a partir de entonces España se incorporó al grupo de naciones occidentales, e inició una política de crecimiento económico que durará alrededor de quince años, hasta la crisis del petróleo de 1973.

4 A *dilettante* is akin to an *amateur* or an *aficionado*. The term need have no derogatory connotation. There have been architectural "amateurs" of the highest rank, to the point of becoming true architects. Dilettantes in architecture are thus those who exercise the profession without having studied it at a school or college. There have been distinguished figures such as Sir Christopher Wren (1632-1723), a physicist, who designed the Sheldonian Theatre in Oxford, St Paul's Cathedral and other churches in London. Sir John Vanbrugh (1664-1726) a political activist, designed buildings such as Blenheim Palace in Oxfordshire and Castle Howard in Yorkshire, two of the most spectacular English stately homes. Lord Burlington (1694-1753) designed Chiswick House in Middlesex. Claude Perrault (1613-88), a French physician, designed the east façade of the Louvre in Paris together with Louis Le Vau and Charles Le Brun. So the term *dilettante* can have no pejorative charge. Quite the reverse, as the figure of the dilettante enriches architecture.

4. Diletante equivale al galicismo *amateur*, o al término "aficionado". El término no tiene ningún sentido derogatorio. Ha existido gente muy "aficionada" a la arquitectura del más alto nivel, al extremo de convertirse en verdaderos arquitectos. Los diletantes en arquitectura son aquellos que han ejercido esa profesión sin haber estudiado en ninguna escuela o academia. Los hay muy distinguidos como Sir Christopher Wren (1632-1723), que era físico; diseñó el Sheldonian de Oxford. Y también la Catedral de San Pablo de Londres, y otras iglesias de la City londinense. Sir John Vanbrugh (1664-1726) activista político; autor, entre otras obras, de Blenheim Palace en el condado de Oxford, y de Castle Howard, en Yorkshire, dos de las más espectaculares mansiones campestres de Inglaterra. Lord Burlington (1694-1753) autor de la Chiswick House en Middlesex. Claude Perrault (1613-1688), físico francés; autor de la fachada oriental del Louvre en Paris, junto a Louis Le Vau y Charles Le Brun. No puede, por tanto, atribuirse un tono derogatorio al término diletante, más bien todo lo contrario. La figura del diletante pone en valor la arquitectura.

5 Many surahs of the Quran refer to paradise as a garden, with references to flowing water, greenery, enjoying the company of other righteous souls and, in short, a realm of enjoyment for all eternity. There are too many surahs to quote just one; by way of example we may cite numbers 3.15, 3.198, 4.57, 5.119, 7.43, 9.72, 18.31, 22.23, 39.20, 57.12, 64.9, 98.8. And there are allusions in many others.

As to the notion of the Alpujarra as a refuge, its own history bears this out. When the Catholic Monarchs decreed the handover of Granada by the reigning Nasrid sultan in the Capitulation of 1491, the articles included the appointment by Isabella and Ferdinand of the last sultan, Boabdil, as Lord of the Alpujarra. So on leaving the Alhambra and Granada in 1492, having lost his kingdom, he set out for Laujar de Andarax in the eastern Alpujarra. He stayed there until the death in 1493 of his consort Morayma, last Queen of Granada and the Alpujarra, before finally crossing the Strait of Gibraltar for Fez. And as well as Boabdil, many Moors lived in the Alpujarra, and despite the revolts and persecutions and

5. Son muchas las suras del Corán en las que aparece la referencia al paraíso, como un jardín. Así como el dato del agua que fluye, de la vegetación, del disfrute de la compañía de otros justos, y en definitiva la descripción de un ámbito de gozo para toda la eternidad. El largo número de suras no nos permite destacar tan sólo una de ellas. Como mero ejemplo citaremos las suras 3.15, 3.198, 4,57, 5.119, 7.43, 9.72, 18.31, 22.23, 39.20, 57.12, 64.9, 98.8. Estas son sólo algunas, si bien en otras muchas aparecen alusiones al paraíso.

En cuanto a la idea de La Alpujarra como refugio, refuerza esta percepción su propia historia. Cuando los Reyes Católicos pactaron en las Capitulaciones de 1491, la entrega de Granada por parte del sultán nazarí reinante, se establecieron toda una serie de artículos; y entre otras cuestiones los reyes Isabel y Fernando asignaron al último sultán, Boabdil, el señorío de las Alpujarras. Cuando en

even Philip III's expulsion edict (enforced in 1609-13), the Muslim footprint in the Alpujarra is huge. And with that footprint, countless legends still give the place a romantic aura.

6. Colin Rowe comments on Walter Gropius's exercise for his students with the rule that rather than copy they should invent. Hence his reflexion on the use of precedent and the role of invention in today's architecture.

Here are some of Rowe's remarks.

> Let me first stipulate that I don't really perceive how your topic, *the use of precedent and the role of invention in architecture today*, can very well lead to profitable dispute. I can never begin to understand how it is possible to attack or to question the use of precedent. (...) Indeed, I am not able to comprehend how anyone can begin to *act* (let alone to think) without resorting to precedent. For, at the most banal level, a kiss may be instinctual, and a handshake remains the product of convention, of habit, or of tradition; and in my reading, all of these words and whatever they may signify are related - loosely no doubt - to the notions of paradigm, of model, and hence, of precedent.
>
> So much is my initiatory bias, which I will now expand upon via the ancient strategy of a series of rhetorical questions:
>
> 1. Just how is it possible to conceive of any society, any civilization, or any culture without the provision of precedent?
>
> 2. Are not language and mathematical signs the evidence of convenient fables and hence the advertisement of prevailing precedent?

1492, perdido su reino, abandonó la Alhambra de Granada, partió hacia Laujar de Andarax, en la parte oriental de las Alpujarras. Allí permaneció hasta 1493, cuando al fallecer su esposa, la sultana Morayma, última reina de Granada y de las Alpujarras, cruzó el estrecho rumbo a Fez. Además de Boabdil, muchos moriscos vivieron en las Alpujarras. A pesar de las revueltas y las persecuciones, e incluso de la expulsión decretada por Felipe III (llevada a cabo entre 1609 y 1613), la huella musulmana en las Alpujarras es enorme. Y con esa huella, han quedado tantas y tantas leyendas que imprimen aún hoy a este lugar de un aire romántico.

6. Colin Rowe emite su opinión sobre un ejercicio que Walter Gropius propone a sus alumnos, en el que les impone que no se puede copiar, y que es preciso inventar. De aquí su reflexión sobre el uso del precedente y el papel de la invención en la arquitectura hoy.

A continuación se transcribe parte de la opinión de Colin Rowe.

> Déjame primero estipular que yo realmente no percibo cómo tu tema (se refiere a Walter Gropius), *El uso del precedente y el papel de la invención en la arquitectura hoy*, puede realmente conducir a una provechosa discusión. Nunca puedo entender cómo es posible atacar o cuestionar el uso del precedente. Por supuesto, soy incapaz de comprender cómo alguien puede comenzar a *actuar* (y no digamos a *pensar*) sin recurrir al precedente".
>
> Porque, al nivel más banal, un beso puede ser instintivo, y un apretón de manos sigue siendo producto de la convención, del hábito o de la tradición; y en mi lectura, todas las palabras y lo que pudieran significar están relacionadas –de un modo difuso sin duda– a las nociones de paradigma, de modelo, y por tanto, del precedente.
>
> Tal es mi prejuicio inicial que a continuación me extenderé siguiendo la antigua estrategia de una serie de preguntas retóricas:
>
> Tan sólo, ¿cómo es posible pensar en cualquier sociedad, en cualquier civilización, o cultura, sin la provisión del precedente?
>
> ¿Acaso no son el lenguaje o los signos matemáticos la evidencia de fábulas convenientes y por tanto el anuncio del imperante precedente?

3. Further, in the romantic predicament of interminable novelty, surely one must be at a loss to discover how any discourse (other than a grunt) is to be conducted?

4. Is not precedent, and are not its connotations, the primary cement of society? Is not their recognition the ultimate guarantee of legitimate government, legal freedom, decent prosperity, and polite intercourse?

As painfully obvious and horribly banal as these implicit propositions are, I assume that they belong to the platitudes that anyone operating in a *reasonably* structured society (neither savage nor subjected to overheated revolutionary excitement) will be compelled to observe. I do not assume – *I cannot* – that these platitudes are available to the average architecture student. For he or she has been educated in a much more expensive milieu, with boundaries and limitations fragile to say the least.

In the days when it was understood that all art is a matter of imitation, whether of external reality or of some more metaphysical abstraction, the role of precedent was scarcely to be disputed; and, needless to say, Aristotle produces the argument very succinctly. 'The instinct of imitation is implanted in Man from childhood, one difference between him and other animals being that he is the most imitative of living creatures and through imitation learns his earliest lessons; and no less universal is the pleasure felt in things imitated'.

Colin Rowe continues to address the exercise suggested by Walter Gropius to his students.

(...) one must turn to Walter Gropius to receive the full, the kindergarten drift of this diversion (...) but this impulsive Walter goes on to specify a *beau idéal* for the species: Creativeness in the growing child must be awakened through actual working with all kinds of materials in conjunction with training in free design... But this is important; no copying, no elimination of the urge to play, i.e., no artistic tutelage!

Such is to provide pointers to a condensed history of the doctrine of mimesis and its decline; and such is also to bring into prominence your business about the use of precedent. For with the best will in the world, it is not extremely easy to understand

Más aún, en el predicamento romántico de la interminable novedad, uno se perdería para descubrir cómo cualquier discurso (más allá de un gruñido) ha de ser llevado a cabo.

¿No es el precedente, y no son sus connotaciones, el cemento primario de la sociedad? ¿No es su reconocimiento la garantía última de un legítimo gobierno, de la libertad legal, de una decente prosperidad, y una educada interrelación?"

Y a pesar de lo dolorosamente obvias y horrorosamente banales que son estas proposiciones implícitas, yo creo que pertenecen a las perogrulladas que cualquiera que funcione en una sociedad razonablemente estructurada (ni salvaje, ni sujeta a sobrecalentados entusiasmos revolucionarios) estará forzado a observar.

Yo no creo –no puedo– que estas perogrulladas estén disponibles para el estudiante medio de arquitectura. Porque ha sido educado en un medio mucho más expansivo, con fronteras y limitaciones cuando menos frágiles.

En los tiempos en que se entendía que todo es una cuestión de imitación, bien de la realidad externa, o de alguna abstracción más metafísica, el papel del precedente era raramente discutido, y no hace falta decir que Aristóteles plantea este argumento de modo muy sucinto: *El instinto de la imitación está implantado en el hombre desde la infancia, una diferencia entre él y otros animales es que es la más imitativa de las criaturas vivientes, y a través de la imitación aprende sus lecciones más tempranas; y no es menos universal el placer sentido en las cosas imitadas.*

Colin Rowe continúa refiriéndose al ejercicio planteado por Walter Gropius a sus alumnos.

Uno ha de volver a Walter Gropius para recibir el giro completo de jardín de infancia de esta desviación. Pero el impulsivo Walter sigue especificando un *beau ideal* para la especie. La creatividad en el niño al crecer debe ser despertada a través del trabajo, con todo tipo de materiales en conjunción con el entrenamiento en el diseño libre... Pero esto es importante, ¡nada de copiar, nada de urgencias por actuar, por representar, nada de tutelaje artístico!

Esto es sugerir indicaciones para una historia condensada de la doctrina de la mimesis y su ocaso; y esto es resaltar tu idea acerca del uso del precedente.

the Gropius distinction between 'copying' and 'urge to play': 'Yer gotta play but yer not gotta copy and that's what you guys have gotta do'. But could there be any dictate more perverse and inhibiting?

For is it not evident that any form of play is inherently 'copying', related to fantasies of war or domesticity? And, without these models of either battle or building, surely it is extremely hard to imagine how any game from chess to architecture could very well survive. No, all play is essentially the celebration of precedent. No, all play is essentially the celebration of precedent.

And now, what about the second part of your topic: *the role of invention in architecture today?*

Well, one thinks about the lawyer with a whole library bound in blue morocco behind him. This is the inventory of cases bearing upon the specific case that he is required to judge, So simply to pronounce a legal innovation, to discriminate the new, our jurist is obliged to consult the old and the existing; and it is only by reference to these that a genuine innovation can be proclaimed.

For are not precedent and invention opposite sides of the same coin? *I think a better topic might have been: How does the new invade the old and how does the old invade the new?"*

Sincerely,
Colin Rowe

Published in *The Harvard Architecture Review* in 1986.

7 Jacobs, Jane. *The Death and Life of Great American Cities*. New York, Random House, 1961.

8 Lynch, Kevin. *The Image of the City*. Boston, Massachusetts, MIT Press, 1960.

Porque, por lo que más quieras, no es nada fácil entender la distinción de Gropius entre "copiar" y la "urgencia por actuar": *"Tenéis que actuar, representar, pero nada de copiar, y eso es lo que vosotros tíos tenéis que hacer"* Pero ¿puede existir algún dictado más perverso e inhibidor?

¿No está claro que cualquier forma de actuación es inherentemente "copiar" –y que está relacionada con fantasías de guerra o fantasías de domesticidad–? Y, sin estos modelos, bien de batalla o de construcción, es sin duda alguna, extremadamente difícil de imaginar cómo cualquier juego, del ajedrez a la arquitectura, podría sobrevivir. No, todo juego, toda actuación, es esencialmente la celebración del precedente.

Ahora, ¿Qué pasa con la segunda parte de su tema: *el papel de la invención en la arquitectura hoy?"*

Bueno, uno piensa en el abogado con su completa biblioteca encuadernada en cuero azul detrás de él. Es el inventario de casos que tratan sobre el caso específico que se le ha pedido juzgar. De modo que tan sólo para pronunciar una innovación legal, para discriminar lo nuevo, nuestro jurista está obligado a consultar lo viejo y lo existente; y es sólo mediante la referencia a ello, cómo la auténtica invención puede ser proclamada.

Porque, ¿no son el precedente y la invención las dos caras de la misma moneda?

Creo que un tema mejor podía haber sido: ¿cómo lo nuevo invade lo viejo, y cómo lo viejo invade lo nuevo?

Atentamente,
Colin Rowe

Publicado en *The Harvard Architecture Review* en 1986.

7. Jacobs, Jane. *The Death and Life of Great American Cities*. Nueva York, Random House, 1961. Edición en español: *Muerte y vida de las grandes ciudades*. Madrid, Ediciones Península, 1967.

8. Lynch, Kevin. *The Image of the City*. Boston, Massachussets, MIT Press, 1960. Edición en español: *La imagen de la ciudad*. Barcelona, Gustavo Gili, 1984.

9. See the interesting book by Léon Krier: *The Architecture of Community*. Washington, Island Press, 2009.

10 Krier, Leon. *La arquitectura de la comunidad. La modernidad tradicional y la ecología del urbanismo.* Barcelona, Editorial Reverté, 2013, pp. 20-21. First edition: T*he Architecture of Community*. Washington, Island Press, 2009.

11. Hitchcock, Henry-Russell and Philip Johnson. *The International Style: Architecture Since 1922*. New York, W. W. Norton, 1932. Spanish edition: *El estilo internacional: Arquitectura desde 1922*. Murcia, COAAT, 1984.

12. "Evidently, it is not necessary that the dictionary, whether Webster or OED, need retain its present volume. It is redundant; its bulk is inflated; the indiscriminate use of its contents lends itself to specious rhetoric; its sophistications have very little to do with the values of 'jus' plain folks'; and, certainly, its semantic categories very correspondence with the intellectual processes of the neo-noble savage. But, if the appeal, in the name of innocence, seriously to abbreviate the dictionary *might* find only a minimum of support, even though built forms are not quite the same as words, we have here sketched a programme strictly analogous to that which was launched by modern architecture.

    Let us eliminate the gratuitous; let us concern ourselves with needs rather than wants; let us not be too preoccupied with framing the distinctions; instead let us build from fundamentals... Something very like this was the message which led to the present impasse; and, if contemporary happenings are believed (like modern architecture itself) to be inevitable, of course, they will become so. But, on the other hand, if we do not suppose ourselves to be in the Hegelian grip of irreversible fate, it is just possible that there are alternatives to be found."

    Rowe, Colin, y Koetter, Fred. *Collage City*. Boston, Massachussets, MIT Press, 1978.

9. Véase el interesante libro de Leon Krier. *The Architecture of Community*. Washington. Island Press, 2009. Edición en español: *La Arquitectura de la comunidad. La modernidad tradicional y la ecología del urbanismo*. Barcelona, Editorial Reverté, 2013.

10. Krier, Leon. *La arquitectura de la comunidad. La modernidad tradicional y la ecología del urbanismo.* Barcelona. Editorial Reverté, 2013, páginas 20 y 21.

11. Hitchcock, Henry-Russell and Philip Johnson. *The International Style: Architecture Since 1922*. Nueva York, W. W. Norton, 1932. Edición española: *El estilo internacional: Arquitectura desde 1922*. Murcia, COAAT, 1984.

12. "Evidentemente no es necesario que el diccionario, ya sea el Webster o el OED, conserve su actual volumen. Es evidente, su formato acusa hinchazón, el uso indiscriminado de su contenido se presta a una retórica presuntuosa, sus sofisticaciones tienen muy poco que ver con los valores de la "gente sencilla", y, desde luego, sus categorías semánticas muestran muy escasa correspondencia con el proceso del salvaje neo-noble. Pero si la llamada, en nombre de la inocencia, a abreviar seriamente el diccionario encontraría *posiblemente* muy pocos seguidores, y haciendo la salvedad de que las formas de la edificación no son como las palabras, puede, en cambio, hacerse un paralelo de estricta analogía entre una propuesta como la mencionada y el programa lanzado por la arquitectura moderna".

    "Eliminemos lo gratuito, ocupémonos de las necesidades más bien que de los deseos, no nos preocupemos en exceso por enmarcar las distinciones y, en cambio, construyamos a partir de los fundamentos... Algo muy similar a esto fue el mensaje que condujo al presente callejón sin salida, y si, al igual que la propia arquitectura moderna, los acontecimientos contemporáneos se consideran inevitables, no cabe duda de que lo serán. Más, por otra parte, si nos zafamos de la garra hegeliana del destino irreversible, es posible que hallemos alternativas".

    Rowe, Colin, y Koetter, Fred. *Collage City*. Boston, Massachussets, MIT Press, 1978. Edición en español: *Ciudad Collage*. Barcelona, Editorial Gustavo Gili, 1981, páginas 67 y 68.

13. Ouroussoff, Nicolai. It Was Fun Till the Money Run Out. *The New York Times*. 19 December 2008. New York.

14. Koolhaas, Rem, and Mau, Bruce. What Ever Happened to Urbanism, in *S, M, L, XL*. New York, The Monacelli Press, 1995, pp. 961 and 971.

15. In Spain the architect Carlos Flores was a true pioneer as a scholar of traditional architecture. His work *Arquitectura popular española*, published in 1973-77 over five volumes, is a benchmark. His subsequent publications were *La España popular: raíces de la arquitectura vernácula* (1979) and *Pueblos y lugares de España* (1991). Below are some of the traits which, according to Flores, distinguish vernacular architecture from that known as "polite" or "professional" (though some may not be wholly accurate):

    1. Rooting in the land and in villages.

    2. Predominance of a utilitarian sense reflecting the way its creators and users live.

    3. It is always strongly linked to local tradition as regards not just building craft but also visual sense and how its various spaces are distributed.

    4. It rarely introduces gratuitous innovations.

    5. It is characterised by a mentality in which there is little room for affectation or frivolity; it is the architecture of common sense.

    6. The economic factor is important, though generally there is no economising on what would with time give rise to greater expense.

    7. The structural complexity that a traditional building seems to have is often greater for the beholder today, as a stranger to its craft, than to its makers, for whom the task perhaps involved no great effort, as they were familiar through tradition and custom with the techniques and systems used.

13. Ouroussoff, Nicolai. It Was Fun Till the Money Run Out. *The New York Times*. 19 de Diciembre de 2008. Nueva York.

14. Koolhaas, Rem, y Mau, Bruce. What Ever Happened to Urbanism, en *S, M, L, XL*. Nueva York, The Monacelli Press, 1995, páginas 961 y 971.

15. En España, el arquitecto Carlos Flores fue un verdadero pionero en el estudio de la arquitectura popular. Es referencial su obra *Arquitectura popular española*, publicada entre 1973 y 1977 en cinco volúmenes. A ésta siguieron otras del mismo autor: *La España popular: raíces de la arquitectura vernácula*, de 1979, y *Pueblos y lugares de España*, de 1991. A continuación, y de modo abreviado se enumeran las características que incluye Carlos Flores, y que, como él afirma, diferencian a la arquitectura popular de la conocida como arquitectura "culta" o "profesional", pese a que algunas pueden no ser del todo exactas:

    1. Enraizamiento en la tierra y en el pueblo.

    2. Predominio del sentido utilitario que informa de todo el vivir de sus creadores y usuarios.

    3. La arquitectura popular se encuentra siempre fuertemente ligada a la tradición de la zona, no sólo respecto a las técnicas constructivas, sino en cuanto al sentido plástico y a la manera de distribuir los distintos recintos.

    4. La arquitectura popular raramente introduce innovaciones gratuitas.

    5. La arquitectura popular se caracteriza por un enfoque mental en el que apenas hay lugar para la afectación o la frivolidad. Es la arquitectura del sentido común.

    6. El factor económico ejerce sobre ella un efecto importante, si bien, generalmente, no se ahorra en aquello que a la larga originaría mayores dispendios.

    7. Las complicaciones constructivas que una determinada obra popular parezca presentar, lo son, muchas veces, en mayor grado para el observador actual, ajeno a ella, que para sus realizadores para quienes su construcción tal vez no supuso un esfuerzo excepcional, al estar familiarizados por tradición y costumbre con la técnica y los sistemas utilizados.

8. Both the techniques and the materials used are preindustrial, though industrial production has facilitated the work of vernacular builders as regards tools.

9. In semiotic and visual aspects, vernacular architecture has an approach generally free of prejudice as to aesthetic effects, which does not mean these are necessarily neglected.

10. Economy in the materials with which vernacular architecture is produced may, paradoxically, have positive effects.

11. Any aesthetic errors or faults that vernacular architecture may have from a formal viewpoint almost always involve an exteriorisation of the simple or naive approach with which the building was built by its makers.

12. Among the aspects which, so to speak, "ennoble" vernacular architecture is the affection that its makers bestow on it.

13. Vernacular architects generally set out to make a building to be used by themselves and their offspring.

14. It is usually an architecture of single-family modules.

15. In the language of vernacular architecture there is a clear lack of "historical style", though in some cases a naïve reflexion or transposition of items from such styles may be found.

16. As a specific characteristic of vernacular architecture we should consider the importance within it of ancillary structures: mills, dovecotes, granaries, vegetable stores, haylofts, huts, etc., which are all but absent or insignificant in formal architecture.

17. Vernacular architecture is an existential architecture, a living phenomenon, never a matter of design carried out for a fee.

8. Tanto la técnica como los materiales utilizados pertenecen a una época preindustrial, si bien la producción industrial ha facilitado el trabajo del constructor popular en lo que a provisión de herramientas se refiere.

9. En lo que concierne a los aspectos semióticos y visuales, la arquitectura popular deriva de un planteamiento generalmente desprovisto de todo prejuicio acerca de los efectos plásticos, lo que no supone en cada caso una despreocupación absoluta al respecto.

10. La economía de medios materiales con los que la arquitectura popular se lleva a cabo puede suponer, aunque parezca paradójico, una circunstancia de influencia positiva.

11. Los errores o fallos estéticos que, desde un punto de vista culto, pueda ofrecer la arquitectura popular, casi siempre suponen la exteriorización del planteamiento sencillo o ingenuo con que tal actividad fue acometida por sus creadores.

12. Entre los aspectos que, pudiéramos decir, "ennoblecen" la arquitectura popular, se encuentran el cariño puesto a disposición por sus autores al realizarla.

13. El arquitecto popular persigue, por lo general, la realización de una obra *definitiva* que será utilizada por él mismo y por sus descendientes.

14. La arquitectura popular es, habitualmente, una arquitectura de módulo unifamiliar.

15. En el lenguaje de la arquitectura popular es evidente la ausencia de "estilos históricos" , si bien, en ciertos casos, puede encontrarse un reflejo, o transposición, ingenuos, de términos pertenecientes a tales estilos.

16. Como característica específica de la arquitectura popular hay que considerar la importancia que dentro de ella alcanzan las construcciones complementarias: molinos, palomares, hórreos, seberas, pajares, chozos, etc., sin apenas existencia o relieve dentro de la arquitectura culta.

17. La arquitectura popular es una arquitectura existencial, un fenómeno vivo, y nunca un ejercicio de diseño por el que se perciben unos honorarios.

18. It is not an object of speculation; it is produced to meet needs, not to make economic profit.

19. It does not normally set out to express general or universal concepts or to project symbolic ideas; nor ever is it an expression of power.

20. It is a true reflection of country life, alien to our notions of comfort and convenience.

21. It is conceived as an immediate or at least a short-term response to specific, concrete problems.

22. It rarely seeks to radically modify its setting, and aims rather to adapt the setting to living needs.

23. It is clearly distinguished by a marked rural character.

24. In vernacular architecture volumetric values generally predominate of over spatial ones.

Flores, Carlos. *Arquitectura popular española*. Madrid, Editorial Aguilar, 1973-1977, 5 volumes, pp. 14-61, vol. 1.

16. "Aktuella arkitektoniska faror för Stockholm, hyreshusen". Stockholm, Teknisk Tidskrift A, 1916, p. 28.

17 *Op. Cit.*, page 32.

18. *Op. Cit.*, page 33.

18. La arquitectura popular no es un objeto de especulación. Su realización persigue la satisfacción de unas necesidades, no el logro de un beneficio económico.

19. La arquitectura popular no se propone habitualmente la expresión de conceptos generales o universales ni de ideas simbólicas. Tampoco supone nunca una expresión de poder.

20. La arquitectura popular es un reflejo auténtico de la vida campesina, ajena a nuestra idea de la comodidad y el confort.

21. La arquitectura popular se plantea como respuesta inmediata, o al menos a corto plazo, a problemas particulares y concretos.

22. La arquitectura popular raramente pretende una modificación radical del medio en el que se realiza, sino más bien una adaptación del mismo a sus necesidades vitales.

23. Es evidente que la arquitectura popular se distingue por un marcado carácter rural.

24. En la arquitectura popular se encuentra generalmente un predominio de los valores volumétricos sobre los espaciales.

Flores, Carlos. *Arquitectura popular española*. Madrid, Editorial Aguilar, 1973-1977, 5 volúmenes, páginas 14-61 del volumen 1.

16. "Aktuella arkitektoniska faror för Stockholm, hyreshusen". Estocolmo, Teknisk Tidskrift A, 1916, página 28. Traducción de este párrafo por Javier Cenicacelaya.

17. *Op. Cit.*, página 32. Traducción de este párrafo por Javier Cenicacelaya.

18. *Op. Cit.*, página 33. Traducción de este párrafo por Javier Cenicacelaya.

19. "El incontrolado uso de la máquina ha conducido a los actuales problemas energéticos en los países

19. "The unrestrained use of the machine has resulted in the current energy problems in industrialized countries. As a result, a serious effort has been launched to return to natural energy sources such as solar and wind energy. In this effort, the solutions provided by generations of traditional societies, which used only natural sources of energy in their vernacular architecture, may be of great help in opening new fields for research and application."

Fathy, Hassan. *Natural Energy and Vernacular Architecture. Principles and Examples with Reference to Hot Arid Climate.* Chicago. Chicago University Press, 1986, p. 69.

20. Krier, Leon. *Op. Cit.* p. 39.

industrializados. Como resultado, se ha lanzado un serio esfuerzo para volver a fuentes de energía naturales como la solar y la eólica. En este esfuerzo, las soluciones provistas por generaciones de sociedades tradicionales, que sólo utilizaban fuentes naturales de energía en su arquitectura vernácula, puede ser de gran ayuda para abrir nuevos campos para la investigación y utilización".

Fathy, Hassan. *Natural Energy and Vernacular Architecture. Principles and Examples with Reference to Hot Arid Climate.* Chicago. Chicago University Press, 1986, página 69.

20. Krier, Leon. *Op. Cit.* p. 39.

CREDITS OF THE ILLUSTRATIONS

CRÉDITOS DE LAS ILUSTRACIONES

Alejandro García Hermida:
64, 68, 110, 188, 235

Provided by / Cedidas por Donald Gray:
13-16, 18, 19, 22-26, 28, 30, 32, 34, 37, 41-55, 58-61, 65-67, 69, 70.1, 75, 82, 84, 85, 88-97, 100, 101, 104-106, 109, 111, 112, 116, 118, 120, 121, 125, 127, 131, 141, 143, 144, 154, 155, 169, 173, 189, 195, 199, 202-204, 214, 215, 224, 225, 226, 229sup, 257, 266

Provided by / Cedida por el Hostal la Tartana:
38

Léon Krier:
9

José Miguel Llano:
6, 17, 20, 21, 29, 31, 33, 35, 36, 39, 56, 57, 62, 63, 70.2, 71-74, 76-81, 83, 86, 87, 99, 102, 103, 108, 113, 114, 123, 128-129, 133, 134, 137-139, 142, 145-153, 156-167, 170-187, 189-194, 196-198, 200, 201, 205-213, 216-223, 227-234, 236-249, 251-256, 258-265, 267-269

Sara Martínez Sánchez:
140, 168, 186, 250